王健 —— 著

债券市场
分析与理解

分析

ANALYSIS

Analysis
and
Understanding
of
Bond
Market

机械工业出版社
China Machine Press

U0347923

图书在版编目（CIP）数据

分析：债券市场分析与理解 / 王健著 . -- 北京：机械工业出版社，2022.5
（笔记哥讲债市）
ISBN 978-7-111-70881-0

I. ① 分…　II. ① 王…　III. ① 债券市场　IV. ① F830.91

中国版本图书馆 CIP 数据核字（2022）第 091845 号

　　影响债券价格波动的因素有很多，但作者在众多因素中抽丝剥茧、去伪存真，挑选出最关键的八个信号呈现给读者。虽然这八个信号并非永恒不变，也非一劳永逸，但却给投资者提供了一个搭建债券投资分析框架的思路。此外，作者在该书中详细地阐述了中国大类资产的轮动规律及其背后的推动力，为我们个人资产的配置指引了方向。

分析：债券市场分析与理解

出版发行：机械工业出版社（北京市西城区百万庄大街 22 号　邮政编码：100037）
责任编辑：杨熙越　　　　　　　　　　　　　　责任校对：殷　虹
印　　刷：涿州市京南印刷厂　　　　　　　　　版　　次：2022 年 7 月第 1 版第 1 次印刷
开　　本：170mm×230mm　1/16　　　　　　　印　　张：11.75
书　　号：ISBN 978-7-111-70881-0　　　　　　定　　价：69.00 元

客服电话：（010）88361066　88379833　68326294　　投稿热线：（010）88379007
华章网站：www.hzbook.com　　　　　　　　　　读者信箱：hzjg@hzbook.com

致妻子

分析过爱情的样子，就是我们的样子，
价值投资，与你相守，永远相伴。

2007 年，A 股大牛市，我作为年轻的"韭菜"，怀揣着第二学位的学费，入市搏击。虽然亏光了学费，但却知道了波浪理论、江恩理论、技术分析等形形色色的市场分析方法，更重要的是认识了人性，也从此与投资结下了不解之缘。2009 年，凭着硕士毕业论文《股票市场与债券市场的"跷跷板"效应》，我有幸加入了银行的金融市场部，让自己的兴趣爱好、所学专业与从事的职业高度融合，从此，痛并快乐地成为一名职业操盘手。

2011 年，为了更深入地研究债券市场与大类资产投资，我开始撰写个人投资笔记，至今已坚持十多年，共撰写了超过 200 万字的投资心得，形成了独立的投资体系。我将股市中的技术分析融会贯通至债券投资之中，深挖市场信号，细剖人性弱点，最终提炼并建立了"一条主线，四个季节，十条原则"的个人投资体系，在经历了多轮牛熊市的考验和磨炼之后，呈现给读者，一同分享，共同进步。该投资体系又分为偏左侧的分析框架体系和偏右侧的投资策略体系，本书重点介绍分析框架体系的内容。

第 1 章

投资境界

在本书的开头，先与读者介绍投资的几个境界，它们与投资体系和投资技巧无关，但却能指导你未来努力的方向，不让你在漫长的投资生涯中迷失和彷徨。投资有四境界、七重天，每一个境界和每一重天对应的都是投资的某一个阶段。当你屡战屡败，将要失去信心，甚至要放弃之时，可以静下心来，重新审视一下自己，或许你正处于七重天中的某一个阶段，这其实是一个投资者的正常成长路径，无须迷茫，只须重拾信心，在磨炼中不断成长。

另外，我们必须要树立一个观念，那就是对投资体系的高度自信。只有自信，才能坚定执行，如果你对自己的投资体系不自信，就会在买卖信号出现时，被人性弱点所驱使，产生怀疑、纠结的情绪，找各种理由不去执行，那么，再完美的投资体系也将无法发挥作用。当然，自信并不等于自负，当系统信号在实战中被证明已经不再适用于所处的市场环境时，就要进行适当的修正，做到真正的知行合一，以知促行、以行促知。

投资的四境界、七重天

四境界、七重天

上高中时老师就讲过，当你把书由薄读厚，再由厚读薄之后，就考上大学了。把书读厚，是学习、挖掘各类知识点的过程；把书读薄，是归纳总结知识点的过程。能够融会贯通、举一反三，分数就会高；只是生搬硬套、浅尝辄止，分数只能低。

投资的过程亦是如此，在十多年的迷失和反思中，我逐渐清晰了投资之路应走的方向，也更加深刻理解了如何才能真正做到"知行合一"（见图 1-1）。

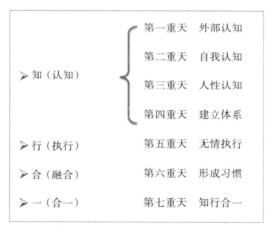

图 1-1　投资的四境界、七重天

1. 第一境界，知——认知

第一重天，外部认知。

了解概况、学习"书本知识"的过程。

当你进入投资领域时，无论是投资股票、债券、期货还是外汇，都需要学习某个投资品种的基础知识，熟悉和了解投资品种的基本概念、特性及基本交易规则。

我们往往先杀入再认识，先有盈利或亏损，尤其是在亏损之后，会有强烈的欲望想赢回来，后面才有更大的动力去学习外部的知识，看别人是怎么赚钱的，于是开始大量阅读投资方面的书籍，波浪理论、均线分析、MACD、布林线等各种技术分析及基本面分析理论都试图去学习。

同时，也开始思考市场为什么涨，并试图预测未来的方向，于是开始大量看卖方研究报告。开始看研究报告时，可能有云里雾里、高深莫测的感觉。通过阅读卖方研究报告，首先学习了推动市场涨跌的因素有哪些，或者说学会了"多空"信息的分类。其次，在逐渐看懂报告的基础上，试图开始预测。但一般是看多方报告觉得多方有道理，要涨；看空方报告觉得空方有道理，要跌。在这个阶段还没有形成自己的独立思考和判断。

第二重天，自我认知。

"把书读厚"、认识自己的过程。

在学到一些基本分析理论后，开始照猫画虎地在实战中运用，试图赚钱。就像我们学习完书本上的基础知识后，开始考试一样，这个过程是自我暴露、自我认知的过程。最终我们会发现，在用历史走势复盘的时候是赚钱的、对的，而在实盘操作的时候却小赚而大亏。

这时自己就开始反思到底哪里出了问题，开始记录自己每笔交易的过程、每个预判逻辑的细节，用结果检验对错，以备复盘修正。在这个过程中，自己会继续运用从外部学习到的理论和理念，也会反思总结出很多经验和教训。总之，成功和失败的经验越来越多（更多的是失败），脑海中的头绪越来越多，考虑的因素也越来越多，完全不像刚杀入市场时那般无知无畏和勇猛。此时每笔交易都有理由，但似乎总是被市场带着走，总是做最后的接盘侠，不再看所有的研究报告，而是看有利于自己的研究报告。

第三重天，人性认知。

"把书读薄"、认识人性弱点的过程。

深度思考比勤奋更重要。做笔记只代表你很勤奋，把市场每天的每个细节都记录下来并非你的目的，你的目的是反思和深思。但是只有犯错了、悔恨了，才能触及心灵深处，你才会去总结经验，然后再有所提高。

在经历了无数的失败和亏损之后，你会把被套或踏空的案例分类归纳起来，很多时候犯的是同样的错误，而且心理活动都是一样的。这时你应该已经不会去读关于投资技术方法的书，而是去读关于投资心理学或投资行为学的书了，而且会从中发现，自己的错误原来别人同样犯过，这就是人性的弱点。你会觉得与这些书相见恨晚，但其实并不晚，因为只有经历无数错误的自我认知阶段，你才更与前人有共鸣，才能真正体会人性共有的弱点。这时我们基本不再看研究报告了，或许只扫一眼题目，了解一下市场多空双方的情绪情况。

第四重天，建立体系。

总结归纳、建立投资体系的过程。

基于对外部、自我及人性的认知，根据无数失败的经历，我们会试图建立符合自己性格特点的投资体系，其中会包含基本面分析、技术分析、投资策略、规避人性、风险控制等多层次的内容。有人适合做短线交易，有人适合做长线趋势，投资体系就是自己能够看得懂的、能力边界范围内的赚钱模式，就像狙击手知道自己的猎杀范围一样。

2. 第二境界，行——执行

第五重天，无情执行。

盈利的开始。

人类的优势是有记忆能力、总结归纳能力、有情有义，这些优势在前三重天都会发挥巨大的积极作用，但是，到了第五重天这个阶段，却成了人性弱点，成了不折不扣的绊脚石。在此阶段，我们就是要克服这些人性弱点，做一个只有程序、没有感情的机器人。

建立自己的投资体系后，需要的是执行。这个过程很难，比学习外部知识要难很多，它是战胜自我的过程。

要想做到无情，首先要理清投资体系与单笔交易的关系。我们必须把投资体系与单笔交易完全分开对待。投资体系是一个宏观的概率性盈利体系，而单笔交易是一个微观的独立随机事件。

投资体系是一个大概率的概念，它并不会让每笔交易都盈利，因为市场充满了太多变数；每笔交易都是独立的随机事件，却能让所有交易在加总后变成一个大概率事件。当然前提是，我们必须无情地按这个体系发出的每一个买卖信号去执行。

举一个简单的例子：抛硬币。在抛之前，我们就知道正反面朝上的概率各为 50%，但每次抛之前你都不知道是正面朝上还是反面朝上。50% 是我们事先预知的宏观概率，而抛一次硬币就是一个微观的独立随机事件，这次抛和下次抛的结果完全没有相关性，但把所有结果加起来，就符合宏观概率的 50% 了。

我们的投资体系就相当于抛硬币，只不过我们的投资体系是让赔率更有利于盈利的概率体系。单笔交易就相当于抛一次硬币，你无法知道单笔交易是否赚钱，但你知道在严格执行投资体系的情况下，所有交易加总后会让盈利变成大概率事件。所以，一笔交易赚钱了，不要忘乎所以；一笔交易亏钱了，也不要悲观懊悔。不要对单笔交易带有任何感情，因为每笔交易都是独立的，这笔亏钱，下笔可能赚钱。当然，更不能盲目凭感觉胡乱地、随意地去做，而是要根据投资体系来做。只要买入信号成立，就下单去买；只要卖出信号成立，就坚定去卖。不要回头看，不要怕打脸，不做希望交易，不戴望远镜，不言顶，不测底。

理解了投资体系和单笔交易的区别后，我们就要开始像机器人一样操盘了。先根据投资体系制订交易计划，然后根据交易计划进行买卖操作，最难的就是根据计划执行操作。我们的记忆力、情感，甚至面子，都会让我们犹豫纠结，生怕卖了就涨，买了就跌，左右打脸，打得自己信心全无。我们的犹豫纠结表面上是对一笔交易的不自信，实际上是对投资体系的不自信。如果你通过自己的投资体系看到未来资产价格要上涨，你就会非常坚定地买入，即使买入后就下跌被套，你也不会在乎，也不会懊悔，因为你从体系中看到未来终将盈利。如果你不可避免地犹豫纠结，就不要去盯盘面，看历史的分位，这会让你更纠结，你需要做的是把投资体系的要素全部重新梳理一遍，这会让你更清醒。只要是符合投资体系的信号，就是大概率的方向，就必须立刻执行。当然，如果投资体系告诉你，市场已经变了，给出了卖出信号，即使之前的交易是亏的，也必须执行卖出。投资体系本身就是根据历史数据和场景建立起来的大概率盈利体系，不要怕买入被套、卖出踏空，本来投资体系就不会让你的每笔交易都盈利，但只要你坚定地、无情地、机械地去执行，长期来看，汇总所有交易就是赚钱的。即使经历多次交易之后是亏钱的，那也只是投资体系中的某个指标或信号出了问题，我们需要的是事后修正体系指标，而非盘中因恐惧、贪婪的情绪不去执行。

一笔交易的好坏，不是用赚钱与亏钱来衡量的，是用执行与不执行来衡量的。亏钱的交易不一定是坏交易，赚钱的交易不一定是好交易。如果投资体系告诉你，十年国开债收益率向下突破 3.70% 是买入信号，那么你的交易计划就会写：根据 X 信号或 X 原则，如果明天盘中十年国开债收益率下破 3.70%，就下单买入。假设次日盘中果真破了 3.70%，就要坚决执行下单买入。或许在收盘时收益率又上涨至 3.75%，你被套 5 bp，但你的操作没有任何瑕疵，这仍是一笔好交易。如果你因为纠结犹豫而没有去执行这笔交易，你会少亏 5 bp，虽然算是赚到了，但是这笔交易却是坏交易，因为你没有按照投资体系及交易计划来操作，这会让你有更大的胆子去违背更多的信号和计划，你的投资体系再完美，再有大概率赚钱，都将因坏交易而功亏一篑。

亏要亏得明明白白，赚要赚得清清楚楚。没有哪个投资体系能让你一买就赚钱，因为它本身是个概率体系。如果总是亏钱，那就是你的投资体系出了问题，与你严格执行投资体系的交易没有关系。但如果你不去执行，即使投资体系有问题，你也不会发现并予以改进，你的投资能力也就不会得到真正的提高，长此以往，你会陷入更深的困惑和自我迷失之中，因为你也分不清是执行交易出了问题，还是投资体系出了问题。因此，我们只有严格执行交易，才能把问题的焦点聚焦于修正投资体系。

当然，不能一亏钱就质疑你的投资体系，除非同一个信号让你多次亏损，否则不要去修正它。投资体系不能随便修改，只有多个样本证明某个指标或信号出现了问题，已经不适用于当下的市场环境或者需要加前提条件了，才能加以修正。因为投资体系的信号或指标是从历史数据和情景中总结出来的，本身就通过了历史验证，盈利是大概率事件。但并不是说每个信号都是一成不变、永远有效的，信号也会有失效甚至误导你的时候，只有通过实战的使用，并有多个样本证明，才能予以弃用或修正。另外，多数时候并不是因为投资体系有问题，而是因为没有严格按买卖信号执行，导致了机会的错失或者失败。

"无情执行"这个阶段，才是盈利的起点，因为现在赚的钱是你看得懂的钱，是你能力范围内的钱，而不是之前凭运气赚的钱。当然，这不是终点，因为我们的投资体系并非一劳永逸、一成不变，而要在后面的实战中不断地修正和升级。

3. 第三境界，合——融合

第六重天，形成习惯。

克服人性，让"无情"变为一种潜意识。

几年前有一次乘坐出租车从机场回家，司机师傅讲，他已经开车超过 100 万公里，路上遇到过各种情况，不用过脑子思考，全靠本能意识。当时就有一种感慨，什么时候自己做投资也能到达这个境界。当时以为只要能及时辨认多空消息，并做出相应的操作，就能做到这一点，但后来发现，很多时候你觉得某个消息对市场影响会很大，市场反而不为所动，而你觉得它只是个小事，市场却为之狂热。这让我百思不得其解，直到经历无数次失败后才发现，如果把投资体系比作开车的标准动作，那么"无情执行"才是学习驾驶技术的开始，我们不断地执行，就是不断地练习，只不过我们可能直接上路练习。在这个过程中，会遇到各种想象不到的情况，我们必须先按照标准动作进行操作。开始时还需要想是先踩油门，还是先换挡；倒车镜里 1/3 可以并线，还是 1/4 可以。只有不断地实战操作，才能越发熟练；越发熟练，才能越发自信，才能在该持券待涨时拿得住，在该持币观望时忍得住。

优秀是一种习惯，当把交易的出入场内化成自己的一种潜意识后，我们就变成了一台真正的赚钱机器，就不需要每天盯盘，甚至不需要看纷繁的数据，更多的是感悟市场的情绪，克服人性的弱点，凭借优秀的潜意识来感悟市场的方向。

4. 第四境界，一——合一

第七重天，知行合一。

操作，修正，再操作，再修正，螺旋上升。

有人说，投资学的最高境界是哲学或佛学。那真的太过高深，非常人所能企及。从实盘操作来看，在经历认知、执行、融合三个阶段后，我们已经跨越了最难的情绪关，战胜了自我，剩下的工作就是要做到"知行合一"，让自己的投资体系在"操作，修正，再操作，再修正"的螺旋上升中，变得越来越完善。最后，可以利用现有技术手段实现量化操作，让系统的归系统，交易的归交易。

王阳明"知行合一"

有一年我去了王阳明的悟道之地——贵阳龙场，在天气阴冷的时节，感悟到了思想大师一生的坎坷与不易，同时也改变了自己对"知行合一"这四个字的理解。

1."知行合一"非"表里如一"

投资界常说的一个词就是"知行合一"，我深以为然。我因为在做交易时常常看对没做对，所以就在计算机上贴了张"知行合一"的便签。但那时只是简单地认为，知行合一就是想到什么就做什么，怎么想就怎么做，类似于"表里如一"。但按照这种理解执行了一段时间后发现，业绩并没有变好，反而错得更多，于是就把便签从计算机上取了下来。现在想想，其实是自己对"知行合一"的理解太肤浅了，甚至完全是错的。以为"想到什么就做什么"就是知行合一，但其实"想"和"做"是要有原则、有方法的，不是人性本能地想，不是情绪化地想。王阳明所说的"知"是要遵从良知，是有原则方法的。"知"本身是需要有方法、有原则地加工升华的，这样才能指导自己的行为，并达到想要的目的。

之前自己用"知行合一"之所以没有达到盈利的目的，是因为"知"出了问题。自己投资中的"知"并没有靠原则、信号、方法得到很好的加工，更多是靠人性弱点的驱动得到的"知"，没有什么交易原则和交易体系，完全被市场情绪和消息所带动，靠感觉做判断。"知"本身出了问题，传导至"行"上，结果自然就差。

2. 知是行之始，行是知之成

在阳明洞的博物馆里，有一句对"知行合一"的解读：以知促行，以行促知。这让我更加深刻理解了"知行合一"的真正内涵。知和行其实是个闭环：知，是一切结果的根源和起点；行，表面上只是执行的过程，实际上已经是个结果。当你去行动时，结果其实已经注定了。我们可以把"行"理解成"实践"，在经过周密思考后，必须去实践，如果不去实践，就是纸上谈兵，只有知而没有行。先知后行，才是"以知促行"。当你实践时，就同时产生了结果，这个结果大概率不会与你当初的认知或预期完全一样，这就需要总结和反思，反过来再去修正我们的认知，这就是"以行促知"。另外,"知"里除了方式、方法和原则外,还有预期结果或者想要达到的目的,否则我们想这件事干什么?做这件事又何苦?"行"作为执行后同时产生的结果,如果不达"知"的预期,那就是知行不合一。以知促行,以行促知,就是要用周密的认知指导实践,然后在实践中修正自己的认知。

所以,"知行合一"有两层意思:①认知后一定要去行动,否则就是纸上谈兵;②"知"是源泉,"行"是结果,做一件事达到自己的预期效果就叫"知行合一";③实践后修正,修正后实践,如此反复,最终达到我们的预期,这才叫"知行合一"。如果没有达到预期效果,就必须以行促知,调整和修正自己的"知",之后再去实践,以知促行。

3. 工作即修行,修行即修知

在投资中,通过一些方法和原则,在深入思考后,用产生的"知"指导自己的"行",而"行"后产生的结果,就是检验知行是否合一的标准。如果一笔投资达到了预期效果,那就证明"知"是对的,我们可以总结好的经验;如果这笔投资不达预期效果,那就证明"知"出了问题,往前推就是你所用的方法、信号或者交易原则有问题,我们就需要好好反思,总结教训,用"行"反过来促进"知"。

其实,工作何尝不是一种修行,与同事相处,与同业交流,与市场博弈,我们做的每一件事,都是先有知,再有行。在不违背良知的前提下,我们总是想成事、想成功,但世事无常,往往不能如愿,不如愿说明没有做到知行合一。"行"这个结果不好,那就需要修"知"，我们改变不了别人，就改变自己。一定是自己的认知、方法、原则出了问题，我们需要进一步学习和反思来修正自我。

学一招，猛练一招

功夫巨星李小龙说过："我不害怕会一万种腿法的人，但我害怕把一种腿法练上一万次的人。"

投资何尝不是如此，当我们反思总结了一条好的经验之后，就需要不停地练习，有问题就修正，没问题就修心，直到炉火纯青，变成一种优秀的习惯。

从一名主观情绪型交易者变为一名客观系统型交易者，是一个长期积累沉淀升华的过程：无意识，意识到，做到，做好，坚持，习惯，融会贯通，忘记，大成。这中间需要不断实践、反思、再实践、再反思，而且要学一招，就猛练一招，而不是练就一身花拳绣腿，在实战中不堪一击。

对于我们总结的交易原则、方向信号，都要在实际的交易中不断地练习、修正、再练习、再修正，直到形成本能的交易习惯，这就是知行合一。就像那个开了 100 万公里的出租车司机一样，可以靠潜意识开车，他就是在练习、修正、再练习、再修正的不断实践中，练就一身好技能。其实做投资的最高境界就是这样的一种状况：当系统的出入场信号发出时，不用过脑子想该怎么操作，直接就本能地知道该怎么操作。

投资体系自信

自信，无情，无我

武侠小说中真正的高手可以做到飞花摘叶皆可伤人、草木竹石皆可为剑。投资同样如此，评价一名真正的高手，不是看他的交易方法有多完美，而是看他的执行能力有多强大。行为高手才是真正的高手。再简单的交易系统，只要它的整体胜率大于50%，哪怕只是以一根均线为依托，只要严格执行，一样会获利颇丰。

交易无秘密，全在执行力。在强大执行力的背后，是一颗强大的交易内心，它需要饱经沧桑之后的自信，需要历经磨难之后的沉着。投资的难点不在交易系统，在执行，这是优秀与平庸的真正区别。一个交易员是否优秀，不在于他的交易系统能否赚钱，而在于他能否严格执行交易系统；一笔交易是否完美，不在于它是否赚钱，而在于它是否被严格执行。完美的交易不一定赚钱，赚钱的交易不一定完美。无数被严格执行的交易组合起来，才是一个完美的交易系统。

在建立交易系统之后，要对系统有自信，不怀疑、不自负，该执行就执行，该修正就修正。除此之外，还要做到无情无我。我们不是在与市场谈恋爱，而是在与市场搏杀。对市场有了感情，失败就成了必然，因为你已经把贪婪和恐惧的人性弱点融入了你的操作。只有无情，才能没有主观偏见；只有无我，才能没有主观预测，才能没有主观操作，最后才能做到真正客观地执行。

为什么投资中赚钱的是少数？因为绝大多数人都无法战胜人性弱点，都会被人性弱点驱使，而无法严格执行交易系统。所以，要想成为赚钱的少数人，就必须战胜人性弱点，比别人少犯人性错误，少靠感觉交易。

人是感情动物，不可能没有喜怒哀乐，而投资是逆人性的，这个职业本身就要求我们必须无情无我，否则就无法克服人性弱点，结局必然是被一轮轮市场周期收割。做到无情无我，就能在没有系统信号出现时，泰然自若地等待机会；在系统信号发出时，从容不迫地进出市场。

如何让自己无情无我，让自己的交易白日飞升，让自己的投资融会贯通？这需要我们在投资交易实践中，严格按照交易系统来进行交易。每个人都不是天生的交易奇才，都需要在实践中磨炼。改变坏习惯，形成好习惯，优秀就成了一种习惯。探寻建立起一套自己的交易系统，傻傻地坚持执行下去，形成优秀的心理交易习惯，由量变到质变。人，不可能天性无情无我，需要在市场的大浪中修行修身。投资就像任何其他技能一样，需要我们在学到一定的技能知识后，在实践中刻意刻苦地练习。先知后行，以行修知，知行合一。投资能力不是与生俱来的第六感，只要我们有学习能力，就能通过学习、实践、修正不断提高。就像运动员一样，不断地练习，在每个细节动作中调整自己，让自己的肌肉形成记忆。投资需要我们不断地刻意练习、严格执行，在每个市场波动的细节中调整自己的心态，放弃主观预测，抛弃贪婪恐惧，最后让出入场动作形成记忆。

所见即所为，未见则不为。不要让自己困在交易中、盘面上，不要让自己在市场的波动中内卷和焦虑。盯盘无盘，心中有盘。要让自己在经历"绝望之谷"之后，迎来精神上的开悟。

投资就像钓鱼，机会需要等待

《股票作手回忆录》中谈到，认真观察，耐心等待，机会一旦出现，就要迅速把握住。

这个过程有点像钓鱼，水下的情况我们无法用肉眼看到，露在水面上的鱼漂就是我们的信号。在鱼漂抖动发出鱼咬钩的信号之前，我们必须仔细地观察、耐心地等待，一旦鱼漂抖动发出信号，就要迅速拉杆。虽然很多时候，拉杆并不一定能够钓到鱼，但只要我们按照这个系统坚定地执行，就大概率能钓到。鱼漂抖动是信号，拉杆是执行。

在严格执行投资体系时，像钓鱼一样，鱼漂一抖动就要拉杆，不能因为几次拉杆后没钓到鱼，就不拉杆了，这样就更钓不到；或者不看鱼漂的信号，瞎拉一气，那钓到鱼的概率更低。

越不执行，就越无法盈利，只有坚定地按照体系去进行每次独立的操作，才能在加总后大概率盈利。投资体系就像是一个大的战略方向，只要战略正确，个别战役或战斗的失败并不会影响到整个战局的胜利。

我们必须每次都去坚定地按投资体系发出的信号执行，不用去考虑一笔交易能不能赚钱，因为每次入场都是一定概率下的试错，是投资体系决定了你整体获胜的概率，而不是单笔交易或单次拉杆的成败。

投资的最高境界是等待

之前看过一篇文章，里面讲了股市里的一条赚钱规律：当市盈率处于 20 倍以下时，买入；接近 50 倍时，卖出；在未达到标准之前，等待。

在上大学炒股时，就常常听到"投资的最高境界是等待"这个投资理念，也曾照猫画虎地学着等待机会：在市场疯狂上涨时，以为等到了机会，就赶紧追上车；或是在下跌时，以为等到了机会，就着急去抄底。但结果却是左右打脸，做了最典型的"韭菜"。在多年的投资生涯里，有些疑问一直都挥之不去：到底在等待什么？为什么等待后的结果是被人"收割"？直到后来建立了自己的投资体系，才真正理解了前面的那句话。投资体系有自己的入场和出场条件，"20 倍市盈率以下买入，50 倍以上卖出"就是一组出入场条件，我们等待的就是这种可量化的条件，而不是靠感觉操作，也不是靠感觉等待，这往往会暴露人性弱点。成功的投资往往是逆人性的，靠感觉的投资必然失败。

当我们建立了投资体系，知道了什么情况下可以入场和出场时，我们就可以耐心地等待，而不是被市场情绪所带动，被人性弱点所支配，在市场中左右搏杀，盲目追涨杀跌。我们耐心等待的就是投资体系中的入场、出场条件，场景和点位。

1. 定义能力边界

一个优秀的操盘手，既要有分析师的分析体系，也要有交易员的策略体系。分析师真正分析的是别人（市场），而交易员真正面对的是自己（心理）。如果你是分析师出身，那么你要学会战胜自己，像交易员一样敏锐果敢；如果你是交易员出身，那么你要学会深度思考，像分析师一样刻苦钻研。优秀的操盘手要多分析、多总结、多实践，在市场左侧分析判断，在市场右侧从容应对，不要迷失于纷繁复杂的交易中不能自拔，要抽取出自己看得懂的简单的交易原则，大道至简，严格执行。

巴菲特曾说："我知道我的能力边界在哪里，而且从不逾界。"

巴菲特还说："风险来自你不知道自己正在做什么！我只做我完全明白的事。"

2. 不计一时得失

不要过于看重过去的高点或低点，纠结于一时的得失，而要更多地看未来的趋势，按照出入场信号，该进场时勇敢地进，该离场时坚决地离。

3. 学会耐心等待

要像一名猎手或狙击手一样，耐心等待。每天都有很多交易机会，但不一定都属于你，要耐心地等待符合自己交易原则的机会。

詹姆斯·西蒙斯曾说："交易要像壁虎一样，平时趴在墙上一动不动，蚊子一旦出现就迅速将其吃掉，然后恢复平静，等待下一个机会。"

（1）学会持币等待。资金就像狙击手手里的子弹，要等猎物进入自己的射程再开火，实施精准打击。这需要设置自己的交易原则，这就像狙击手的射程，在猎物未进入射程时，不要开火。不能看着市场行情上上下下、诱惑不断，就心里痒痒，总想做点什么，在不经仔细分析，并在违反交易原则的情况下，盲目下单买入。

杰拉尔德·勒伯曾说："只有等到机会，才能安全地获得利润，渴望和迫切并不能赚到钱。必须拥有紧握资金不投资的坚强意志和能力，等待真正的机会来临，这是在投资生死战中取得成功的关键所在。"

（2）学会持券等待。我们常常看到自己的债券浮盈，就耐不住寂寞，总想卖掉获利了结，结果没拿住，得小利而失大利。

耐心 ≠ 麻木，冲动 ≠ 果断

在做交易时，我们总会有这样的体会：刚买入时忐忑，卖出踏空后懊悔，赚钱后恐慌，被套后麻木。

刚刚入场时，是操作中最危险、最不坚定的时候，这时我们会非常忐忑和紧张，一有小波动就会被震下车。如果买入时很坚定，那么买入后持有也会很坚定。但是，一切出入场都必须根据交易系统进行，否则就会因入戏太深而难以自拔。很多时候，我们已经被证明做错了，却难以接受这个事实，死扛不止损，变成了赌徒，并从开始的痛不欲生，最后变得麻木不仁。所以，买入后忐忑或自负都是不可取的，要按照交易系统和计划来进行操作，严格地、无情地执行，不要有情绪和主观判断。投资，是在等待中修行，是等待的艺术，不是复杂的技术。

等待有两种，一种是持币等待，一种是持券等待。要想真正做到有耐心地等待，前提是要建立自己的投资体系，观察自己体系中的信号，等待信号的出现，在信号出现之前，必须克服人性弱点。我们等待的就是投资体系中的出入场信号。投资体系中的信号一旦出现，并得到市场的印证（再坚定的判断都要先经市场的检验），就要迅速把握住，并坚定执行。

1. 耐心≠麻木

很多时候，我们的个人感觉会战胜投资体系，我们会把耐心变为麻木。当买入信号出现时，想着再等等吧；之后如果踏空了，又开始后悔没有在信号出现的第一时间去执行，结果更下不了手，进而踏空更多；最后索性觉得后面空间也不大了，赚不了多少钱，反而还可能被套，算了，不做了。如果收益率上去了，自己就会庆幸，幸亏没买，这其实会为以后不执行投资体系埋下隐患。还有一种情况就是，当买入信号出现时，完全没有兴奋，懒洋洋地什么也没做，在大幅踏空后才后悔。当卖出信号出现时，也是想着再等等，不能卖早了。之后，如果收益率真的上去了，就会犯回头看的错误，后悔没有在信号出现的第一时间执行卖出，不忍心割肉止损，在后悔、犹豫、纠结中错失更多的卖出机会，最后索性死猪不怕开水烫，做了鸵鸟，看也不想看了；如果收益率下去，自己也会侥幸，其实即使获利了，这笔交易也是错的，因为我们没有在卖出信号出现时坚定地执行，这也会为以后不执行投资体系埋下隐患。

所以，我们在耐心等待时，心情可以是平静的，但在信号即将出现或已经出现时，必须兴奋起来。

2. 冲动 ≠ 果断

当信号出现时，我们必须兴奋起来，并果断坚定地去执行。然而，很多时候，我们不是因为信号出现了，而只是凭自己的感觉，或是因为新闻、市场情绪的带动，就冲动地去做买卖交易。

必须要强调，只有自信才能做到无情。这种自信不是对自己感觉的自信，而是对自己投资体系的自信。知真，行不难。

按照投资体系，在刚刚入场时，人最紧张、最忐忑，因为很担心一出手就做错，被市场打脸。只有在被证明正确后，紧张的心情才能放松下来，要么就是做错被打脸，心情变得很糟，直至最后自暴自弃、置之不理。

其实，这种执行时的纠结、执行后的忐忑、做对后的喜悦、做错后的懊悔，都是没有做到无情的表现。所以，无情 = 执行时不纠结 + 执行后不忐忑 + 做对后不喜悦 + 做错后不懊悔。但并不是说对错都无动于衷、完全佛系，如果对了，总结经验，如果错了，总结教训。

投资其实不复杂

投资这件事，其实没有那么复杂，当然前提是已经建立起了自己的投资体系。到了投资的第四重天，建立了自己的投资体系，剩下的就是无情地执行。在执行后，如果结果不理想，再回头修正和升级体系，做到以知促行，以行促知，知行合一。

设想一下，在 2018 年 1 月～2020 年 4 月的那波债券大牛市中，我们完全不需要精准地在收益率的最高点买入，只需要在趋势已经出来的 2018 年上半年，满仓买入十年国开债，什么操作都不用做，全市场公募基金排名稳拿前十。但往往我们会因人性弱点"涨了，有恐慌"，凭着自己的感觉提前下车。再看 2019 年，是"秋天"横盘的一年，"秋天"的大策略是票息为王，就是要赚票息的钱。但是没有较长的久期，就不会有好的票息。所以，在横盘的"秋天"里是赚"票息 + 久期"的钱。波动、横盘是"秋天"的特征，3 年左右利率波动风险较小，信用的票息又高，还能防止出现类似 2015 年上半年那样的"假秋天"行情——长期横盘之后，因为基本面的再度转弱，趋势性"夏天"行情再次回归。所以，"秋天"就全部用 3 年左右的债券打底仓，用长久期利率债做波段。在"秋天"里，真正的大震荡只有一两次，能抓住当然更好，要是抓不住，至少底仓有票息能吃到。再说到熊市的"冬天"，更简单，直接把 1 年以上的长债全部清空，换成半年以内的短债，把债基做成货币就是最好的策略。"冬天"和"夏天"其实都好操作，但需要注意的是"冬天"拿着货币不放手，"夏天"拿着长债不放手。尤其是"夏天"最好操作，不用太担心由牛转熊的问题，因为在牛熊之间，还有一个"秋天"作过渡，而且一般都很长，有很多机会卖出下车，最怕的反而是忍不住提前给卖了。只要确认"夏天"到来了，就别管什么时候建仓，更不要想着找个好时间点上车，只要你确认牛市归来，直接拉长久期就是了。"冬天"的操作难度比"夏天"略难，因为"冬天"过后的"春天"一般都很短，可能你还没有从悲观的情绪和熊市的逻辑中走出来，牛市就来了，而这时踏空可能会让你难受而犹豫不决。其实，最难操作的是横盘震荡的"秋天"。熊转牛之间过渡的"春天"还好，一是因为时间比较短暂，二是因为收益本来也高，拿着吃票息也不错。但是，"秋天"就不一样了，在四个季节里，"秋天"一般是最长的，市场上到处是钱，收益率还很低，拿短债利率太低，拿长债又怕"冬天"到来被套住，很是难受。

投资其实不复杂，根据自己的投资体系，确认市场处于哪个季节，然后采取相应的投资策略就行了。不用每天盯各种新闻消息，被各种逻辑故事左右。只要不是中长期季节信号发生变化，就可以直接忽略。你需要做的就是按照相应季节既定的最佳策略，把 80% 的底仓打好。忽略小的波动，才能抓住大的方向。

主线确定风口，信号告诉季节，原则指导下单

我的投资体系可总结为"一条主线，四个季节，十条原则"，它们在体系中的职能和分工是不同的。一条主线和四个季节是判断市场整体方向和定位市场所处季节的，但具体下单操作还需要结合十条原则来进行，这是投资技术和投资心理层面的战术问题。实战中要做到三位一体、各司其职，具体的分工如下。

一条主线，确定未来的风口在哪里（大类资产配置）；

四个季节，告诉我们债券市场处于哪个季节（定位好季节后，就要选择最佳的投资策略）；

十条原则，指导我们在什么时机下单（利用心理原则，克服人性弱点；利用技术原则，选择入场、出场时机）。

我们往往会因为一则消息而改变对市场的看法，其实趋势已经在那里了，不是一两个消息能左右的。所以，不要妄加预测没有意义的短期行情。仔细想想，投资其实不复杂，就是牛市中做多，熊市中做空，不要看着每天市场的涨涨跌跌、实时波动来做决策，而要看着趋势来做。但人们总是看得太近，把事情想多、想复杂了。我们应从上到下来看。

第一步：通过周期看风口。从大类资产配置周期的角度，判断未来哪类资产会上涨。

第二步：通过走势验证风口。看市场走势来验证资产是否开始上涨，如果趋势已经形成，说明自上而下的判断是正确的。市场近期是涨了还是跌了很明显，所处行情是牛市还是熊市也很好判断，只是人性弱点总让我们产生恐高或抄底的冲动而已。

第三步：战胜人性弱点。既然大势已定，那就坚决杀入，不要犹豫恐惧。让投资体系支配你，而不是让人性弱点支配你。

第四步：盯信号，去执行。要盯住投资体系的信号，而不是盯市场每天的走势。在入场信号发出时，坚定入场；在离场信号预警时，撤出战场。不择时，什么季节干什么活儿。

当市场价格上涨（收益率下行）时，为什么我们总有想卖出的冲动呢？这就是人性弱点"涨了，有恐慌"在作祟。另一个相反的心理就是"跌了，有希望"，熊市中总觉得跌得差不多了，想抄底买点什么。

放弃抢顶，才能顺势而为。为什么牛市中总想着卖出？还不是想卖在最高点嘛。为什么熊市中总想着买入？还不是想买在最低点嘛。这就是"抢顶"的心态。所以，在没有明确信号告诉自己季节要变时，不要违背中长期的大趋势，逆大势交易，尤其是底仓，绝不能逆势变动。

"夏天"久期为王，没有信号告诉我们"秋天"来了，就要坚持拿长久期利率债。

"秋天"票息为王，没有信号告诉我们"冬天"来了，就要坚持拿中长久期信用债或利率债。

"冬天"货币为王，没有信号告诉我们"春天"来了，就要坚持拿超短久期债券。

其实，投资成功重要的不是交易系统，而是交易者彻底贯彻交易系统的能力。交易系统固然重要，但更重要的是严格执行。再完美的系统，如果不去执行，都等于没有。一个简单的均线系统，只要严格执行，同样能够赚钱。

说起来容易，做起来难，难在两点：一是判断和定位行情处于哪个季节；二是如何坚定执行对应季节的投资策略。

对于第一点，解决办法就是建立自己的投资体系，来准确定位所处行情处于哪个季节。

第二点最难，但也最简单。难的是，我们很难克服人性弱点，恐慌、贪婪、管不住手、左顾右盼；简单的是，我们只需要在对应季节执行对应策略就好。

第一点正是本书介绍的投资体系，就是"四个季节"中的八大信号，基本可以用来定位债券市场的季节变化。对于第二点，在我的交易系统中也做了规定，就是"十条原则"中规避弱点的原则"不言顶，不测底""不做希望交易，不戴望远镜""不回头"等，其实总结起来就一条：不择时，什么季节干什么活儿。

所以，投资很简单：一，不择时，什么季节干什么活儿；二，要自信，坚定执行交易系统。

（1）不择时，什么季节干什么活儿。既然已经总结出了春夏秋冬的季节特点，也知道在什么季节该做什么事，那在什么季节去做什么事就好了。不要有揠苗助长、出力不讨好的操作。只要你通过投资体系确定了"春天"或者"夏天"的到来，那就买买买，什么时候买都不晚。当然，越早越好，剩下的事情就是等。"春天"就是买入，"夏天"就是等待，"秋天"就是吃票息摘果实，"冬天"就是做货币，就这么简单。日常的工作不是买或卖，而是对信号的监控。只有在确定季节发生变化的时候，才要为了调仓做出买卖的操作。每个季节都有对应的工作，我们只需要在什么季节去干什么活儿就行了。有句话叫市场永远不变的就是变化，其实变化的是季节，而不是季节对应的策略。就像农民种田一样，春天耕种，夏天等待，秋天收获，冬天休息，年复一年皆是如此，这样才能够长久地生存下来。不可能什么时候都在耕种或者收获，必须在该种的时候种，在该收的时候收，遵循四季变化，顺应市场规律。

（2）要自信，坚定执行交易系统。很多时候我们知道什么季节干什么活儿，但往往做的时候痛苦又纠结，要么下不去手，要么下手了又很彷徨。为什么会这样？有两个原因：一是完全没有体系化的交易系统，只是靠一些经验、凭感觉投资。没有市场周期变化的概念，不懂季节的变化，自然就不懂什么季节应该做什么，这是没有交易系统的结果。二是有交易系统，但对自己的交易系统不自信。怀疑交易系统定位可能有问题，怀疑这次是不是不一样，于是就违反交易系统，最后又是凭感觉去做。只要是靠感觉做交易，就是被人性弱点驱动去做交易，结果必然失败。

用季节信号定位市场季节变化，就像用导航去目的地一样，如果你对自己的"导航系统"（四个季节）不自信，总是怀疑信号不好，偏离了自己的定位，最后干脆抛弃导航凭感觉和印象去走，结果大概率不如使用导航，即使导航有些偏差，但大的方向不会出错。所以，一定要对自己的"导航系统"自信。

再差的步枪，只要刻苦练习，感悟其细微的差别，熟知其狙击范围、狙击信号，一样能狙杀猎物。当然，谁都希望有把好枪，但是，枪不是最重要的，如何用好枪才是最重要的。同理，在投资中，交易系统不是最重要的，如何用好交易系统才是最重要的。而把交易系统用好的前提是，要信任交易系统，信任它，才能使用它。

有些人对"导航系统"要求过高，一有点误差就产生极大的怀疑。总是想定位到分毫不差，不容忍任何的偏差，不想多走一米的冤枉路。这怎么可能呢？就像农民种地，谁都想在一年中获得最大的收获，难道能只在一年中播种最佳的那一天去播种吗？可能确实存在这么一天，但即使你知道是哪一天，也不可能在一天内把全部的种子都播种完。同样，夏季也不可能一直都热，总会有冰雹或一些降温的天气出现，这时我们不能认为秋天来了，就立马去收割庄稼，还要看看信号是不是真的提示秋天来了，用"导航系统"给市场做个定位。

总之，不要做无谓的、浪费时间的和情感上的择时，什么季节干什么活儿会让你的业绩稳定而长久，也许不是最出色的，但也是很优秀的。只在信号出现时选择出战，其他时间则只是观察和等待。不要认为自己比交易系统更高明，要信赖交易系统甚于信赖自己。感觉在交易中是最不靠谱的，因为它的背后是人性，而好的交易是逆人性的。

投资要有所为，有所不为。建立系统，刻意练习，明确能力范围，砍掉自己能力圈之外的行情和利润。虽然这个圈可以随着能力提升而扩大，但需要先聚焦自己的能力圈，去赚取自己投资体系和能力范围内的钱。

对系统自信，下单时不纠结，下单后不忐忑

我们常常是写好了交易计划，但在真正执行下单操作时开始犹豫纠结，而如果做到以下两点，就会更加坚定。

第一，入场条件要严格符合交易原则。逐一检查买卖的操作是否符合入场条件或原则，如果完全符合，就要坚定执行，如果有些牵强，就不要执行。不执行就是不执行，不要犹豫不决。

第二，要对自己的交易系统非常自信。做错了也没有关系，更不要失去自信，投资本来就是一次次试错，交易系统本来就是无数次尝试所组成的一个大概率规则，不可能每次都做对，也不可能抓出每一次市场波动。当然，坦然面对做错的情况，并不是

说不需要反思了，那就成了自负。既然错了，一定有需要反思的地方，这样才能完善自己的交易系统。对自己的系统要做到自信但不自负，放弃异常，抓住可以把握的行情。

只有对自己的交易系统自信了，才能在下单时不纠结，在下单后不忐忑。只要在入场时按照交易系统设置好止损、止盈位，心里就会有一个参照，就不会被市场情绪带动，自己的内心也就更加宁静。入场时提前设置好止损和止盈的出场点位或条件，也是抑制人性弱点发酵的重要方法。

入场条件或者说入场机会一旦出现，就必须要坚定执行，犹豫就意味着失败。入场时犹豫，意味着在止损、止盈时一样会犹豫，失败也就是必然的结果。

当然，我们对交易系统的自信也要区分对待。不要对分析框架体系高度自信，要对投资策略体系高度自信。你对分析框架体系越自信，就越不愿止损；你对投资策略体系越自信，就越能坚定执行。

分析框架体系与投资策略体系的异同

一条主线，四个季节，十条原则

我们经常在入场时犹豫纠结，涨的时候不敢买，跌的时候也不敢买；要么就是很随意，完全凭感觉。为什么会这样？因为没有投资体系。没有投资体系，就没有出入场依据或参照，自然心里就没底。我们不能简单地用"在牛市中越跌越买"或者"牛市中每次调整都是买入的机会"等这类感性的话，来指导自己的投资行为，必须用数字说话、用图形说话，只有量化出指标，心里才有底，才能不被感觉和情绪左右。如果越跌越买，那你怎么知道市场的底到底在哪里？是调整 10 bp，还是调整 40 bp？如果是调整 40 bp，而你是在调整 10 bp 的时候进入的，那后面也会很难受，甚至在中途扛不住就下车了。还有一种更加危险的可能，就是在牛市结束时，市场已经由牛转熊了，但你以为只是牛市中的短期调整。所以，一定要建立起一套自己的投资体系，才能做到心中有光、操作不慌。

在正确的道路上，永远都不晚。我出去路演时，常常这么讲，意思就是在牛市中，什么时候做多都不晚。话虽这么说，但要做到也挺难的，因为：①后悔，我们总是回头看前面的高点，因没有买在收益率的高点而后悔；②害怕，感觉收益率已经下行了那么多，不敢买，害怕一旦买入就被套。然后，又有两种交易心态：①因为后悔没有在收益率高点买入，所以就盼着收益率上行，可是当收益率真的掉头上行时，又没有勇气买入了，因为担心熊市来了，收益率可能还会向上，所以，真回到那个位置，又不敢买了；②当收益率上去后再次下行时，又开始回头看前面的高点，开始后悔。

为什么总是会陷入这种"后悔，害怕，后悔"的恶性循环中呢？核心原因有两个：一是没有看到真正的趋势，如果你知道当下就是牛市，就不会总回头看而感到后悔，也不会害怕一买就被套而不敢下手；二是没有处理不同行情的最优策略，我们可以没有预测市场的能力，但必须有应对不同市场状况的能力，这是比预测市场更实用的能力。那么，如何避免这种恶性循环？一是要有一套分析框架体系，二是要有一套投资策略体系。我的整个投资体系可以概括为"一条主线，四个季节，十条原则"（见图 1-2），一条主线和四个季节是在总结了历史数据及相关影响因素后，形成的一套预测债市的分析框架体系；十条原则是以抑制人性弱点为基础的一套投资策略体系。

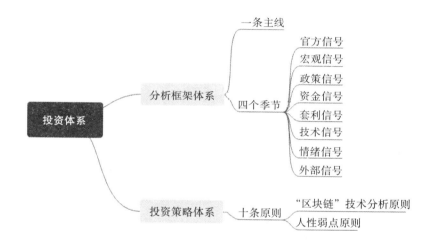

图 1-2　投资体系

一条主线就是资金面，这是市场涨跌的根本，也是大类资产轮动背后的真正推手。但只有对资金面的观察还远远不够，还不能精确把握总体行情的格局。往往当你看到资金面收紧后，再去卖出做空，已经晚了；而当你看到政策宽松后，再买入做多，也晚了。所以，需要更为明确的指标来指引投资方向。那么，四个季节就很重要，四个季节是一波债市周期的四个阶段，其中有八大信号作为季节变化的"布谷鸟"，信号越多，季节变化的概率就越大，而在这些信号没有出现之前，不必患得患失，因后悔害怕而不敢下手。

策略胜于预测：以投资策略体系为核心，以八大信号为辅助

任何资产价格的涨跌都是由资金来推动的，但这是一条较为粗略的主线，并不是说只看着资金投资就可以了。无论是一条主线，还是八大信号，任何一个预测性的指标都不能被单独地放大使用，因为我们无法准确地预测每一轮涨跌的主要逻辑是什么，这次是这个逻辑或指标起了关键作用，但也许下次就切换成了另一个。如果我们过于关注某一个信号，就会顾此失彼。例如：

2009 年全年，资金面持续宽松，收益率曲线陡峭，利差巨大，但债市收益率也大幅上行。资金主线失效。

2017 年四季度，资金面已经边际宽松，但债市收益率依然继续大幅上行。资金信号失效。

2018 年 8 ～ 9 月，期限利差巨大，10Y-3M⊖国债利差在 100bp 以上，其间债市收益率大幅调整。资金主线失效。

2020 年 4 ～ 7 月，期限利差巨大，10Y-3M 国债利差在 100bp 以上，但 5 月后债券市场却大幅度调整。套利信号失效。

当然也有很多成功的案例，但是这么多失败的案例告诉我，不能对投资体系中任何一个单独的指标过分看重，不能单独拿出来某一个，为支撑自己的观点而去放大使用。比如美元指数，单

⊖ 10Y 即 10 年，3M 即 3 个月。

独来用其实不太准确，一是我们不知道美元指数什么时候出现拐点，二是即使出现了，很多时候也会滞后。

在投资中，我们应以投资策略体系为核心，以八大信号为辅助，来进行实战操作。在市场的涨跌中，有的时候市场逻辑在看宏观，有的时候在看利差，有的时候在看汇率，每个阶段的逻辑可能都不同。所以，八大信号在每个阶段中所占的比重或影响权重也天差地别，这就导致在使用八大信号去预测市场时，上次是这个信号好用，下次就不一定了。

在投资中预测市场，就像在生活中猜测别人的心事一样难。与其猜测别人，不如见招拆招。市场的涨跌是无数参与者共同作用的结果，生活中尚且"人心隔肚皮，做事两不知"，更何况无数市场参与者的心思。

我们应以投资策略体系为核心，以分析框架体系为辅助，进行实战操盘，因为：

（1）本身市场的成交价格就已经反映了所有已经存在的逻辑和信号，我们不需要再去考虑哪个逻辑或信号权重更大，而是要抛弃背后的细枝末节，定义好趋势的标准，先从图形中判断趋势的强弱和方向，之后再用八大信号或其他原则，来辅助性验证从图形中得出的判断。

（2）以"区块链"技术分析原则为基础总结出的出入场标准动作，其实是操作策略，策略胜于预测。作为买方，不要想方设法预测未来，而要想方设法应对未来。八大信号属于分析框架体系，更大的作用是分析和理解市场的涨跌，而"区块链"技术分析原则是应对市场的策略。何为策略？即在什么情况下入场，又在什么情况下止盈止损出场。策略可以告诉你在预测不准时如何减少损失，在预测正确时如何扩大盈利。以投资策略体系为投资体系的核心，看趋势、看方向，再用分析框架体系中的八大信号作辅助，来验证市场，最后用出入场标准动作为依据，来寻找出入场时机。我们不要以分析框架体系中的信号为依据，先预测市场，再出入场，一旦某个信号失灵了，而自己还在坚持，就会陷入"证明我是我"的恶性循环之中。比如期限利差信号，在2019年好用，但在2020年大调整时就严重失灵。

在债市中，小波动（10bp～20bp）组成中波动（40bp～60bp），中波动再组成大趋势（100bp以上）。我们把小波动、中波动、大趋势，分别称为小区块、中区块、大区块。往往回头看时，才能知道大趋势，所以我们更多地研究小波动如何演变成中波动，中波动如何演变为大趋势。故研究中波动是核心，那么我们就从中区块入手，看小区块如何演变为中区块，中区块如何演变为大区块。当我们身处其中时，很难判断未来趋势到底是延续，还是反转，我们从之前总结的几点中来看趋势的转换。

在操作策略上，重点研究和操作中波动，不要试图预测大方向、大趋势。不要预测市场是牛市、熊市，还是震荡市，而要倾听市场的声音，去做中期的趋势。不要试图一口气从牛头赚到牛尾，或者拍出一个点位，等着市场到了才考虑出场或入场。要根据市场的真实走势，用"区块链"技术分析原则来看市场情绪的强弱和方向，并严格按照出入场原则来操作。

分析是尽可能地把潜在可能性罗列出来。分析就是预测，是一种主观行为。千人千浪，一形多解。当然，并不是说分析框架体系没有用武之地，而是要改变过去"先分析，再入场操作"的老套路，让市场趋势先走出来，再用分析框架体系去检验趋势的持续性，最后用事先制定好的策略，来应对趋势。所以，分析框架体系不是用来预测市场的，而是用来理解市场的。交易是一种客观行为，它要求我们跟随趋势，其客观性体现在走势的唯一性，即最后走出来的结果上。

2020 年 5 月，央行悄无声息地开始了货币正常化的操作，资金面没有出现之前熊市那样的"钱荒"，而是总体宽松、偶尔紧张，不过资金利率确实从 0.5% 整体抬升到了 2.0%，债券市场也因此由牛转熊。一切来得太突然了，因为 2020 年 4 月央行才下调了超额存款准备金率，刚过一个月，怎么一切就转向了呢？包括我在内，很多人在开始时认为那只是牛市中的一次大调整罢了，熊市尚未真正到来，因为资金价格虽然抬升了，却没有像以往一样出现全面暴紧。所以，大家把那次熊市称为非典型熊市。另外，当时的 PPI 并未出现拐点，说明基本面尚未企稳，央行的货币政策也就不会真正转向收紧，债券市场同样不会转向真正的大熊市，然而结果却事与愿违。

很多时候，温水煮青蛙式的边际收紧，可能真的表明政策已经转向了，只是我们的思想还没有转变过来。而且每次熊市都是在悄无声息中展开的，就像 2016 年一样，10 月已经转向，在 12 月资金暴紧导致的国海"萝卜章"事件之前，多数人都觉得那不是熊市。包括 2013 年的那波大熊市，如果仅从资金面收紧的角度看，确实应该是大熊市，但从基本面上看，当时并没有出现大繁荣和大通胀，PPI 尚为负值，只是出现了横盘而已。这些都属于非典型熊市，而我们的分析框架体系是从历史中总结出来的典型逻辑推理，上次有效，下次就可能失效。

所以，我们不要让分析框架体系及其信号变成我们逆势找理由的祸源，那是对分析框架体系最大的误用。分析有两种，一种是预测，一种是理解。分析框架体系是在市场趋势出现后，用来理解趋势的，而不是用来预测趋势的。你越觉得自己的分析完美，就越自信，一旦预测错误，就很难转过弯来，结果就可能犯下大错。我们要先用投资策略体系倾听市场，再用分析框架体系理解市场，最后形成跟随客观趋势的下单依据。

技术趋势优先，逻辑分析辅助

有一年我做期货，发现一个奇怪的现象：亏得最多的竟然是自己本专业的债券，赚钱的反而是自己没有深入分析研究的大宗商品。为什么会这样？因为债券分析来分析去，加入了太多自己的主观预判，在该入场时没有入场，在该止损时没有止损，结果亏钱了；而对于大宗商品，因为我不是专门从事某个商品行业的，只是自上而下地学习了解了基本的宏观供需逻辑，并没有太多的主观分析判断，仅仅依靠自己投资策略体系的出入场信号，该入场就入场，该离场就离场，因为不懂基本面，所以只能依靠技术信号操作，结果赚钱了。为什么会出现这种越专业越亏钱的离奇情况呢？因为一个加入了主观判断，没有做到严格执行交易系统；一个没有加入主观判断，严格执行了交易系统。

　　我虽然常常提醒自己，不要先入为主地预测市场，但常常情不自禁地做预测，而且还以预测为方向去指导实盘操作。为什么总是在预测市场？因为有太多的分析和逻辑占据了自己的头脑。不是说分析不对，对一个品种或行情了解越多，应该做得越好，但为什么结果却是越分析越错呢？不是分析出了问题，而是主观预测出了问题。

　　首先，分析本身没有完全正确的或程序化的方向，可以说"横看成岭侧成峰"，每个人看问题的方向和结论可能都是完全不同的。其次，分析的根本出发点是不客观的，尤其是对于买方来说，这是一个天然的劣势，因为你是持仓也好，空仓也罢，每一个动作都是具有方向性的，持仓是看多，空仓是看空。我们往往基于仓位潜意识地选择了方向，先入为主地进行分析，从根本上已经不客观了。你对一个品种或行业了解得越多，分析得越缜密，当市场趋势和你的分析方向不一致时，就越难转变思想、顺势而为。我自己对债券基本面的了解要远多于大宗商品，正是因为了解太多，才让我在债券市场方向与自己的分析方向不一致时，更相信自己的判断，而非市场趋势，并开始与市场作对。但大宗商品的基本面我不甚了解，所以就更加依赖技术分析，在错了止损时就会更加坚定，因为没有什么基本面逻辑去让自己臆想，那就只能相信交易系统技术上的信号。

　　市场选择了方向，就代表市场选择了逻辑。是市场选择了你，不是你决定了市场。我们要沿着市场的选择，去选择逻辑；而不是用自己的逻辑，去预测市场的方向，对了算是幸运，错了难以自拔。往往靠自己的逻辑推理出的方向是不靠谱的，因为你的逻辑推理的根本出发点是感觉（人性），而人性弱点就是"涨了，有恐慌""跌了，有希望"。

那么，难道基本面分析就没有用了吗？当然不是。只是我们把基本面分析、技术分析，以及实盘下单的顺序搞错了。完全的基本面派与完全的技术派都是片面的，只有把两者结合起来，才能增加实盘操作的胜率。正常的投资思维是：分析，预测，下单。这是左侧思维，试图通过自己对基本面的深刻理解，预测出市场未来的方向，并在左侧提前布局。但存在一个问题，你的预测无论多么有理有据，如果整个市场不认同，那就形不成市场趋势，你的左侧入场就会等待很久才能被验证，甚至完全被证伪。

每个投资人都知道顺势而为，却不知顺势而为的根本逻辑是右侧思维，而左侧和右侧的根本区别是看问题的出发点完全不同。左侧以品种本身的基本面为出发点，而右侧以品种的价格为出发点。如果我们选择做右侧，即顺势而为，那就应该"顺势"在先，"而为"在后，先等趋势出来，再沿着这个趋势去分析这个趋势能否持续。说白了就是，用技术去定义趋势，用基本面去理解趋势及其可持续性。把技术分析放在优先位置，把基本面分析放在辅助位置。基本面分析是用来理解趋势的，不是用来预测趋势的。

无论是 2020 年 5 月后的债市转熊，还是 2021 年 3 月后的转牛，按照"区块链"策略，趋势都能被判断正确，但我却以个人感觉为根本，以基本面分析为掩护，在明知技术趋势方向的情况下，在个人感觉与分析的相互与自我强化中，持续逆势操作。

按照我的"区块链"策略，2020 年 5 月 7 日就确立了"小区

块翻越 – 中趋势反转"，然而我并没有顺应反转后的趋势去分析整理个人的逻辑，而是按照自己的逻辑去预测市场，拿着 PPI 作为看多的依据，认为 PPI 拐点还没到，熊市就不可能来，依然认为债市处于牛市之中，那只是牛市的正常调整而已，并在这个过程中不断地自我强化，还在一个债市平台上，与一位著名的固收首席分析师来了一场令当年债市瞩目的"买卖双方多空大对决"。

同样是按照"区块链"策略，2021 年 3 月 24 日就确立了"小区块翻越 – 中趋势反转"，然而我依旧没有从熊市的逻辑惯性思维中转变过来，还是拿着分析框架体系去预测市场，认为当时的通货膨胀水平与 2009 ～ 2010 年很相似，所以债券市场也会走出同样先小牛后大熊的走势。

在我的分析框架体系中，有八大信号，这么多的信号，不可能同时发出多空预警，在某一个时间点上，它们之间可能是相互矛盾的，有多有空。而且市场的选择也不尽相同，很多时候你会发现，上次市场关注 A 信号，下次就会关注 B 信号，总是飘忽不定，让你应接不暇。那么到底应该如何取舍，更应该相信哪一个呢？我们事前完全不知道。其实也不用知道到底哪个信号更重要，我们要先看市场趋势在哪边，再选择有利于趋势方向的那个信号来看即可。

只见树木，不见森林

刚进入资本市场的前两年，我每天都会花 70% ～ 80% 的时间收集各种信息和小道消息，过于关注新闻事件、突发"黑天鹅"

等细节因素，以为比别人早一些看到信息，就能比别人获得更多的收益，也因此非常羡慕那些有彭博和路透终端的机构。但实际上，消息只会影响短期的市场情绪，对做短线或许有用，却不会改变趋势的方向。然而，我却每天在各种财经新闻和消息群里不能自拔，只见树木，不见森林。

很多年前，与一位基金领导交流，他问我："做投资时，在哪些情况下你要买或卖，或者说有哪些先行指标能让你提前意识到风险或机会？"说实话，我当时没有真正考虑过这个问题。当时就想，不就是宏观、政策、资金这些因素吗，还要专门考虑某些特定的信号吗？入场时最多再设置好止损线不就行了吗！可仔细想想，这未免太简单粗暴了，止损线根本就不是先行指标，只是事后的救济或亡羊补牢，我们入场的目的是赚钱，而非不停地被套、解套。

当年我根本就没有形成自己的一套完整的投资体系，以及先行指标监控、趋势预测、买卖决策、止损止盈等一套完整的投资链条，不但缺乏有理有据的分析框架体系，更没有完整的投资策略体系。很多时候都是凭自己的感觉在操作：感觉CPI要起来了，感觉收益率下行不动了，等等。有什么根据，或者有什么客观的现行指标让我做出这样的判断？没有，完全没有。就是靠着感觉，而这正是被人性弱点所驱动的感觉。在这种感觉之下，每天忙碌着看财经新闻、宏观数据、小道消息，之后才去做判断和操作，其实这些信息都是事后的，都是全市场都能够看到的。新闻是后视镜，不是照亮前方的远光灯。我们需要建立起自己的投资体系，有先行指标和信号在市场的左侧分析，有完整的入场和出场规则在市场的右侧应对，而不是整天埋没在海量的市场信息中，跟在别人后面，被左右打脸。

真正的高手是行为高手，而非思想高手。思想高手是分析师，而作为买方，必须要做行为高手，不但要挖掘指标和信号去理解市场，更重要的是，要知道如何应对市场。当遇到"黑天鹅"，遇到"灰犀牛"，遇到一切你完全预测不到或者与你的预测完全相反的市场变化时，我们要改变自己的思维惯性去应对，根据自己的投资体系，计划自己的交易，交易自己的计划。不做只会侃侃而谈的思想高手，而要做应对自如的行为高手。

先看趋势，再找故事

市场上有一位很厉害的权益基金经理，他不像行业研究员出身的基金经理那样仅局限于自己熟知的行业，他没有自己的偏好，唯一做的就是顺势而为。

他的投资选股过程是这样的：首先他不偏向于某个行业或主题，不会主观地选择某个行业或主题去配置，而是哪个行业或主题最近开始上涨，趋势已经出来，甚至已经开始火了，他才用几天的时间去研究分析该板块上涨的逻辑。如果在一定时间内能研究清楚，想明白其中的道理，那就入场参与；如果想不明白，就只做看客。

这种选股方式其实就是策略驱动研究，而非研究驱动策略。策略就是顺势而为，是先看到趋势，再研究逻辑。

何为大势？大势就是大概率事件。有一年，债市趋势性上涨，但我在国债期货上却一再做空，结果 11 次做空，亏了 9 次。最后得出的教训就是一定要顺大势，只赚顺势的钱。当时，我过于关注资金面这个指标，认为只要资金面收紧，债市就必然下跌。的确，资金面是所有资产价格涨跌的核心因素，但并不是唯一的因素，那段时间我过于依赖这个信号了。其实，影响债市的除了资金面外，还有政策面和情绪面等其他因素。无论有多少影响因素，债券价格本身的形态走势是各种因素综合后的结果。资金面固然是影响债市需求的直接因素，甚至是核心因素，但它影响的是中长期的趋势，中短期的价格波动还有宏观数据、市场情绪等多种力量在左右，不是说资金一紧债市就跌，资金一松债市就涨，还要看市场的预期是怎样的，而"预期"这个看不见摸不着的东西，太难预测了。我们能最直观看到的就是市场价格形成的 K 线图，K 线图的趋势是不能忽视的，因为它是综合各种因素而形成的最终趋势。所以，任何指标或信号都有其适用的场景和局限性。不要拿由信号和指标组成的分析框架体系去预测市场，它只是用来理解市场的，我们要拿投资策略体系去应对真正的成交价格形成的市场趋势。

分析框架体系是用来分析市场方向的，投资策略体系是用来具体操盘的。通常，我们都是先用分析框架体系来分析市场，预测市场未来可能的走势，并以此为依据进行买卖操作。也就是先预测，再下单赌大小。这样的常规操盘流程其实是有问题的，因为我们先入为主地预测了市场的涨跌，而且越是自认为分析框架体系完美，就越固执，在预测错误时就越不能自拔和顺势而为。

与极度自信相反的另一个极端是，完全没有自己的投资体系，完全被市场情绪带动而追涨杀跌，被左右打脸。

并不是说分析框架体系不重要，而是说要调换一下顺序：先通过投资策略体系客观地确立市场方向和出入场时机，再通过分析框架体系分析市场上涨或下跌的逻辑是否成立。

我们的思维方式要有根本性的转变：

（1）通过投资策略体系客观地确定方向，而不是通过分析框架体系主观地预测方向。虽然拐点的确定会滞后些，但却更加客观，这是顺势而为的前提。如果先预测，猜对了还好说，一旦错了，就会陷入先入为主、死不认错的恶性循环。

（2）分析框架体系不是用来预测市场的，而是用来验证、理解市场的。先用投资策略体系客观地确定趋势方向（及出入场规则），再回过头来用分析框架体系找原因，理解而非预测，看市场的涨跌逻辑是否合理。逻辑越容易被人接受，行情持续的时间越长。因为越简单粗暴，越容易理解，传播得就越广泛，趋势也就越容易形成和延续。再完美的技术分析和策略也需要题材的支撑，如果自己都无法理解，又怎么能期待别人理解，期待交易量逐步放大、价格步步抬升呢！

这里要注意，分析框架体系是用来服务投资策略体系的，千万不要在市场已经转向之后，又绕进了预测思维中不能自拔，又开始用分析框架体系来支配自己的大脑和操作。

当然，我们不能只强调投资策略体系，不注重分析框架体系，两者是相辅相成的，只是需要把常规的思考问题的顺序颠倒一下，先通过投资策略体系辨识趋势，再通过分析框架体系理解趋势。既然要做看得懂的行情，那就需要理解趋势涨跌的逻辑，否则即使我们选对了趋势，也会因为看不懂内在的逻辑，可能无法识别长短趋势、真假突破。就像选对了赛道，却在黑暗中前行一样，心理的确没底。

所以，先看趋势，再找故事（逻辑）。

复盘，不是为了预测未来，而是为了应对未来

历史数据、走势、场景，都有其参考意义和研究价值，忘记历史就等于忘记过去，没有对历史的反思和复盘就等于进入了没有路标、导航的茫茫沙漠，心里就会发慌。然而，我们复盘不是去刻舟求剑，也不是拿着历史数据去预测未来的走势。那么，我们研究历史数据、走势和场景的意义何在？研究历史，不是为了预测未来，而是为了应对未来。

"人不能两次踏进同一条河流"，历史虽然总会相似，但绝不会简单地重复。相似的历史、周而复始的周期，背后的推动力是亘古不变的人性。但它们不会简单地重复，因为人具有超强的学习能力。上次发生的场景和波动，所有人都能通过复盘看到，所以它们不会简单地重复，要么提前，要么滞后，要么根本不会发生。

人类历史滚滚向前，科技迭代进步，并不是人类的智力发生了明显的进化，而是人类在学习历史经验教训的基础上，不断地

实践、反思，以此循环，不断进步。

《孙子兵法》诞生于春秋时期，那个时代的弓弩刀枪，发展到现代的火箭卫星，无论是前人还是后人，都完全预测不到，但为什么这本书却历经千年而不衰呢？因为《孙子兵法》不是在告诉我们如何预测战争，而是在告诉我们如何应对战争。它研究的是战争中的人性，而不是战争的形态。正因为人性千年不变，现代的我们才与古人有似曾相识的共鸣。

复盘，不是为了预测未来，而是为了应对未来。

第 2 章

一条主线

任何资产价格的涨跌都是由资金推动的，资金代表需求，无论它以什么理由或逻辑进入市场。一类资产价格要想上涨，必须有资金进入，没有需求就没有资金追随，也就没有价值。在资本市场里，有资金，故事都是真理；没资金，真理都是故事。货币、债券、股票、地产、商品等各大类资产，都会在经济、金融周期的推动下轮番起伏，这背后是人性风险偏好的变动带来的资金流动。资金，是资产价格涨跌最直接的主线。

债市主线是资金

债市主线是资金，边际变化显方向

债券供给并不是债市趋势的决定因素，资金才是，而资金代表需求。当经济衰退时，货币政策和财政政策往往需要同时刺激经济，财政政策发力势必增加债券的发行量，虽然此时货币政策也有相应的配合，但并非完全无缝对接，短期内债券供给量的增大，会对市场形成扰动，收益率会出现明显上行，但最终还是会被央行释放出的强大资金需求压下来。从中长期趋势看，资金代表债券市场的需求侧，债券发行的供给侧或其他因素都只是短期的扰动因素。如果市场资金边际宽松，债券需求就会边际增加，收益率就会逐渐下行；而如果市场资金边际收紧，债券需求就会边际减少，收益率就会逐渐抬升。

2015 年 3 月 12 日，财政部确认第一批地方债置换额度为 1 万亿元；6 月 10 日，财政部再次批复了 1 万亿元的第二批地方债置换额度；8 月 27 日，再批 1.2 万亿元的第三批地方债置换额度，全年总计 3.2 万亿元。在如此大规模的利率债供给面前，债市并没有转熊，利率反而整体下行。

具体回顾一下：从 2015 年 2 月下旬开始，市场上出现万亿地方债置换传言，债市收益率也因此开始震荡上行。2015 年 3 月 12 日财政部正式宣布 1 万亿元地方债置换后，债券市场如临大敌，十年国债收益率前后累计大幅上行达 36bp，本应于 4 月 23 日打头阵发行的江苏债甚至被迫推迟，直至 5 月 18 日才成功发行，波澜壮阔的地方债置换大幕拉开了。戏剧性的是，当 6 月 10 日宣布第二批 1 万亿元地方债置换时，十年国债收益率仅因此上行约 10bp；而 8 月 27 日晚宣布的第三批 1.2 万亿元置换，仅在次日债市开盘时产生了半小时的负面冲击，十年国债收益率仅上行 3bp，便开始下行。从 36bp 到 3bp，从首批 1 万亿元的兵临城下到第三批几乎被市场淡忘的利空，在这个边际效应明显递减的过程中，央行不断放水才是背后真正的推手。在整个 2015 年，央行共进行了 4 次降准、5 次降息。所以，债券供给并不是债市趋势的决定因素，资金才是。影响债市波动最核心和最直接的因素就是资金面，资金利率是最重要的参考指标。宏观经济向好对债券是利空，但还是有些间接，而且我们也很难猜到央行对经济的容忍度到底有多大。整体来看，对于债市的波动，宏观经济是基本因素，货币政策是核心因素，资金利率是直接因素，市场情绪是扰动因素。情绪面推动的多空行情是无法持续的，资金面推动的行情才具有持续性，情绪面只会放大行情，但不会从根本上推动行情的发展。

资金是主线，资金的边际变化决定了市场运动的方向。我们常常遇到资金结构性宽松的状况，如果这种宽松是从全面宽松变化过来的，那就是边际收紧，对债市是利空的。例如 2016 年 9 月，债市由牛转熊，资金面就由全面宽松转向收敛，到 12 月就转向了全面紧张。如果宽松是从全面紧张变化过来的，那就是边际转松，对债市是利多的。就像 2014 年初，债市由熊转牛，资金面就从全面紧张转向结构性紧张，虽然还是很紧张，但在边际上已经有所宽松，这对市场就是利多的。所以，不能静止地看资金面，而要看它的边际及其衍生出来的资金面预期。

"资金是主线"的这个"资金"到底是什么意义上的资金？我们不能机械地理解为只要资金宽松，债券价格就一定上涨，收益率就一定下行。这个资金是边际上的概念，而非静态的概念。当然，我们也不能只跟着资金的边际波动操盘，那会被左右打脸，更重要的还是看资金背后的无形之手——央行的政策意图。后文会用大量篇幅来阐述"短期看逻辑，中期看资金，长期看政策，核心看利差"这一债市逻辑，它将更具体地让我们理解，资金是联结政策与市场之间的纽带。

资金边际变化的强度和持续时间，会引起市场对货币政策方向预期的改变，进而改变市场对资金的预期。如果后市这种预期被证实，那么这种预期就会不断自我强化，并进一步影响债券市场的走势；如果后市这种预期被证伪，那么资金预期将被修正，债券市场也将重新回到正轨，沿着原有的趋势前行。

回想 2013 年，利率最高的一天就是 2013 年 6 月 20 日，那天不只是结构性紧张，而是全市场都借不到钱，银行都在满世界找钱，当天很多机构通过卖出流动性最好的利率债来换取流动性。即使紧成这样，债券收益率也在 6 月 20 日之后出现了快速下行。因为市场认为这只是跨季引起的短期阶段性紧张，而非央行进入加息通道导致的趋势性、持续性收紧，那时的资金预期还是偏乐观的。但是，进入 7 月，跨过了二季度末，资金依然还是紧张，市场这才反应过来，原来央行是有意而为之，目的就是要去杠杆。这时的资金预期才彻底改变，而当多数机构明白之时，债市已进入了漫漫熊市。

不能静止地去看一时的资金松紧，而要通过其边际变化去综合分析央行的政策态度。资金紧张并不可怕，可怕的是持续性、间歇性的边际收紧，以及由此导致的市场资金预期的崩溃。

有资金故事都是真理，没资金真理都是故事

任何资产价格的涨跌，都是由资金来推动的，有资金故事都是真理，没资金真理都是故事。在投资时，常常会有不明原因的

阴涨或阴跌，其背后真正的推手正是资金。当一个市场有新增资金持续流入时，就会出现不明原因的上涨。此时，人们就会到处打听发生了什么，哪怕是一个很不起眼的消息，都会让投资者欢呼雀跃，导致喷涌式的大涨。其实，这都是资金在背后推动，有资金故事都是真理。而当市场资金净流出时，同样的大利多消息，市场却无动于衷，或者昙花一现。很多人对此不解，为什么这么大的利好消息，市场就是不涨呢？其实，这是资金在悄悄地撤离，没资金真理都是故事。

债市的核心就是资金。有了资金，才臆想出各种逻辑，而非臆想出各种逻辑，市场就会有资金。是有资金才臆想，不是臆想就有资金。牛市中做多只有一个理由：我有资金；熊市中做空只有一个理由：我没资金。

回想 2013 年一季度，货币政策已经处于观察期，银行间市场这个蓄水池的水位处于宽松平衡的状态，债市在没有增量资金注入的情况下，处于存量博弈的横盘震荡行情之中。然而，2013 年 3 月 25 日银监会下发《中国银监会关于规范商业银行理财业务投资运作有关问题的通知》，即当年最著名的银监 8 号文，主要目的就是要求银行理财产品投资由非标转标，通知规定：理财资金投资非标准化债权资产的余额在任何时点均以理财产品余额的35% 与商业银行上一年度审计报告披露总资产的 4% 之间孰低者为上限。也就是说，银行理财产品中的标准化债权资产的配置比例不得低于 65%。之前很多理财产品为了提高收益水平，非标占比较高，是不符合这条规定的，这就在存量博弈的市场中，挤压了部分新增资金，最终倒逼大量银行理财产品资金从非标市场转向了债券市场，增配债券资产，开启了 2013 年唯一的一波小牛行情，持续时间达 2 个月，十年国债收益率从 3.60% 下行至 3.40%，下行幅度为 20bp。

2015 年上半年，货币政策虽处于宽松之中，但是资金被如火如荼的股票大牛市不断吸走，银行存款搬家，人们跑步进入股市，而债市则进入了宽幅横盘震荡之中。天有不测风云，2015 年 6 月 12 日股市崩盘，7 月 4 日暂停 IPO，大量股市打新资金为了避险涌入债市。此时的债市状况与 2013 年 3 月理财资金被挤入债市很相似，只不过故事变了：理财资金不是追逐非标，而是追逐股市；不是因为银监 8 号文，而是因为暂停 IPO。最终的结果都是把资金从其他市场赶回债市，进而开启一波小牛行情。宣布暂停 IPO 后 3 个交易日，十年国债收益率最大下行幅度达 31bp。当然，在短时间的喧嚣之后，2015 年走出了和 2013 年完全相反的行情：2013 年下半年，央行全面收缩货币开启了一波大熊市；而 2015 年下半年，因股市暴跌，央行不得不继续放水，债市因此获益，债券大牛市得以延续。

所以，永远不要与央行为敌。

还有一个例子，就是 2020 年 5 月债市由牛转熊，当时资金出现多次间歇性的"点刹"。这是那波熊市持续调整的根本原因，因为这代表了央行货币政策态度的边际变化。我们不能因为太在乎八大信号中的某一个而与央行作对，不能忽略更重要的中长期资金和政策的边际变化。资金的连续性、间歇性收紧已经说明央行货币政策态度的边际变化。但在当时，宏观信号 PPI 尚未企稳，这会给人一种错觉，让人找一个与央行拧着做的理由。并不是说 PPI 不重要，而是一旦资金边际变化，所表现出来的央行货币政策已经发生变化，我们就要遵从央行的意图和资金边际变化的方向。

趋势分为技术趋势和资金趋势。技术趋势是明线，资金趋势是暗线、主线。

顺大势，除了要顺应市场价格涨跌这条明线，还要顺应资金这条决定市场涨跌的暗线和主线，不与资金为敌，不与央行为敌。

王氏螺旋

王氏螺旋：中国大类资产配置时钟

美林时钟众所周知，它把货币、债券、股票、商品作为研究对象，来揭示大类资产的配置规律，即：货币牛市→债券牛市→股票牛市→商品牛市。

但是我在对国内的上述四大类资产进行研究后发现，美林时钟在中国似乎并不是很适用，货币与债券的轮动性最好，股票次之，商品最差。2017 年是货币牛市，2018 年是债券牛市，这很好理解，也已经发生。但是，在 2018 年的债券牛市之中，石油、钢铁、煤炭等大宗商品也经历了牛市。按照美林时钟，债券牛市之后是股票牛市，股票牛市之后才是商品牛市，为什么美林时钟在中国发生了紊乱？

根源在于，我们研究的对象本质上不在同一个维度：货币是国内的货币，债券是国内的债券，股票是国内的股票，唯独商品是世界的商品。正是因为商品的国际化程度最高，所以商品与国内资产的轮动性最差。大宗商品价格受全球供需的影响，而中国只是其中的一个组成部分，如果中国的经济周期与世界主要经济体是同步的，那么以上四类资产价格轮动在中国就是适用的。然而，中国的经济周期在 2018 年并未与国际经济形势同步，当时美联储尚在加息通道之中，而我们的经济下行压力却在增大，当年的真实表现是：货币放松，债券走牛，股票走熊。

既然商品的国际化程度最高，商品在国内大类资产配置中失效，那么，哪类资产在中国可以代替商品的位置呢？答案是：房产。

房产，在中国大类资产配置中，是最具中国特色的"大宗商品"，它是钢铁、水泥、煤炭、有色金属等大宗商品的集成品，对中国以及中国百姓的重要性不言而喻，是中国城镇化的重要支点，是中国百姓个人收入配置的重要资产。

当我把房产数据代入美林时钟，并得到一轮轮库存周期的检验时，真的就像发现新大陆一样，在办公室尖叫了起来。给同事们统统讲了一遍，大家纷纷称道，一位同事脱口而出："人生发财靠康波，这不就是中国的康波吗！太牛了，就叫王氏螺旋吧。""王氏螺旋"也因此得名。

2004 年之后，中国 15 年大类资产的轮动规律是：货币牛市→债券牛市→股票牛市→房产牛市（见图 2-1）。

图 2-1　王氏螺旋

注：1. 四类资产轮动时首尾会有重叠，但节点取"主升浪"。
　　2. 四类资产周期轮动，往往是灵活周期和强弱周期交替出现。例如 2013 年初，股市虽仅上涨 25%，但已是前后 4 年间最大的一次反弹，而之后一轮就是 2015 年的股市强周期。
　　3. 货币牛市，是指在央行采行未收紧货币政策时，现金、货币资产收益最好，如 2013 年。

大类资产轮动背后的主线是资金，而推动资金流动的是人性。资金天然具有逐利性，背后是人性的贪婪。所以，大类资产轮动的过程是资金风险偏好逐渐抬升的过程：央行资金池→债券资金池（银行间）→股票资金池→房产资金池。

当经济下行时，央行就会放松流动性，将资金释放到银行间市场这个金融媒介，然后由金融机构把资金往下游的实体企业逐渐投放。因为经济本身下行压力较大，或者在刚刚经历"现金为王"的时期之后，大家的风险偏好很低，所以，拿着刚从央行池子中流出来的资金，市场会在解决完自身的流动性之后，把富余出来的资金优先配置到风险较低的固收类资产上，故利率债、高等级信用债等债券资产最先受益，债券牛市随即到来。

债券牛市代表利率下行，而利率下行代表社会融资成本下降，企业财务状况改善，这就为上市公司经营注入了活力，为股市上涨奠定了最基础的逻辑。而且，随着前期债券利率的不断下行，其资本回报率也在下降，对于一些追逐高收益的资金来说，债市的收益率已经无法满足其需求，这就会倒逼部分资金抬升风险偏好，由债市流向股市，股票牛市随即到来。

经济基本面逐步复苏，人民收入逐渐增长，会奠定房产市场在需求端的基础。与此同时，为了促进经济的复苏，政策也会对房产做适当的放松，以刺激和带动经济增长。所以，在资金风险偏好抬升及房产政策放松两方面的推动下，资金开始流入房产市场，房产牛市随即到来。

当房产价格上涨，经济基本面企稳之后，PPI、CPI 等通胀就会起来，央行就会回收流动性，以抑制通胀及房价的过快上涨。资金回流央行，社会流动性紧缺，全市场最稀缺的就是流动性，市场风险偏好急剧下降，现金为王，货币牛市到来。

一轮典型、完整的周期就是：2013 年货币牛市、2014 年债券牛市、2015 年股票牛市、2016 年房产牛市。

为什么中国股市不能像美国股市一样长牛 10 年

《周期》提到，美国股市 1975 ～ 1999 年持续上涨形成了长期向上的趋势线。

当下人们常常会讨论，为什么美国股市在 2008 年金融危机后，于 2009 年 2 月企稳上涨，并持续了 10 年的大牛市，而中国在这 10 年中只有一次牛市？其实在此之前，美国股市还有一波更长的大牛市，就是 1975 ～ 1999 年的牛市，持续了近 25 年。为什么美国股市牛长熊短，而中国股市却牛短熊长呢？原因是两国经济处于不同发展阶段，但更深层次的原因可能与两国文化差异有关。

20 世纪八九十年代，我们解决了吃和穿的问题，80 年代实行家庭联产承包责任制，90 年代通胀得到有效控制。21 世纪头 10 年，我们解决了住和行的问题，1998 年房改后房产价格持续上涨，家庭汽车普及，机场、高速公路、高铁等基础设施大规模建设。只有把吃穿住行的基本生活问题解决了，才有真正富余的钱拿出来放入资本市场进行投资，实现财富的保值增值。到目前为止，我们吃穿住行的问题基本解决了。但这是否意味着中国房产

20 年的牛市即将终结，A 股 10 年长牛即将到来呢？非也。

1. 买房子更踏实

试问，当你解决了吃穿住行后，还有 1 亿元，是买房，还是买股票？应该还是买房踏实吧，山西煤老板、温州民企商人均是如此。

2. 中美文化有差异

更深层次的原因在于，中美两国文化上有差异。

美国代表西方文化。早期西方人有钱后，就成立股份公司进行航海贸易，甚至殖民，英国、荷兰是代表。股份、分红、契约已深入骨髓。

中国代表东方文化。有钱后，衣锦还乡、买房置地、光宗耀祖，置办房产已深入骨髓。某年全球房价排名前 5 的城市分别是：香港、新加坡、上海、温哥华、深圳。虽然不全是中国的城市，但却都是受华人影响的城市，由此可见一斑。

所以，别光盯着美国股市涨了 10 年，我们的房市也涨了 20 年。每个大型经济体都有自己的超级"蓄水池"，中国的房市、美国的股市、日本的债市（13 年牛市）均独领风骚、各有千秋，它们之间才有可比性。它们中的任何一个出现大跌，都是灾难性的。

第 3 章

四个季节

一轮债券牛熊周期，可以分为"春夏秋冬"四个季节。"春天"利率在高位横盘震荡，是债券熊牛转换的季节；"夏天"利率趋势性下行，是债券的牛市行情；"秋天"利率在底部横盘徘徊，是债券牛熊转换的季节；"冬天"利率趋势性上行，是债券的熊市行情。在每个季节之中，有不同的信号给我们提示，而我们作为投资者，可以根据这些信号来更好地确认和理解市场的大势。这四个季节分别对应了不同的最佳投资策略。只要季节不改变，在正确的路上，永远都不晚。

官方信号

官方开始说基本面或经济有下行压力，意味着牛市即将到来；官方开始批评宽松货币政策，或加强监管，意味着熊市即将到来。

官方信号是领先于市场的指标。

官方吹风，预期引导

熊市：媒体关注—经济学家吹风—官员讲话或评论—央行开始实质性提高金融市场利率（熊市第一波）—加强监管使市场恐慌（熊市第二波）—资金暴紧但市场已有免疫力（熊市第三波）。

牛市：媒体关注—经济学家吹风—官员讲话或评论—央行开始实质性降低市场利率或监管软化，但态度可能依然强硬（牛市第一波）—央行开始明确降准或降息（牛市第二波）—放水政策接近尾声，资金泛滥（牛市第三波）。

实例一：2013 年牛转熊

1. 舆论吹风

2013 年经济热点词有货币超发、影子银行。

2013 年一季度，媒体非常关注国内货币超发的问题，"中国成最大印钞机，新增货币占全球近半"。就连"金融市长"黄奇帆当时都讲，印钞机一旦开了就收不回来，现在到了调整的时候了。这就为下半年的资金紧张埋下了伏笔，做好了舆论铺垫。

2. 宏观背景

国内：

（1）2013 年国内经济表现并不好，但是通胀预期比较浓，10 月公布的 9 月 CPI 突破 3%，进一步推动了债券收益率的上行。其实，无论是经济基本面还是通胀水平，都难以推动当年的熊市，根本原因是美联储退出 QE 的预期，使得美国国债收益率大幅上行（见图 3-1），以及汇率的压力带动主要新兴市场国家利率整体向上。

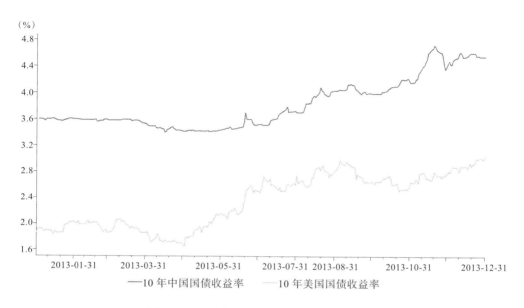

图 3-1　2013 年中美 10 年国债收益率走势

（2）2013 年国家外汇储备急剧上升，热钱流入，全年外汇储备增量达 5097 亿美元，创历史新纪录（见图 3-2）。当然，这是全年的数据，在 2014 年初才能看得到。2013 年仅一季度的外汇储备增量就达到了 1311 亿美元，超过了 2012 年全年的 1304 亿美元，可见当时外汇流入的节奏有多快。按照之前的规律，外汇储备增加一般要通过提高存款准备金率来回收过多的流动性。

2013 年 5 月 5 日，《国家外汇管理局关于加强外汇资金流入管理有关问题的通知》（汇发〔2013〕20 号）发布，通过银行、企业、国家外汇管理局等层面多管齐下，防范跨境资金流动风险。

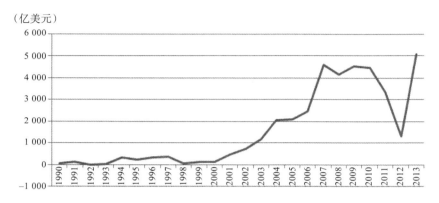

图 3-2　国家外汇储备增量

　　2013 年 5 月 22 日,《国家外汇管理局关于改进海关特殊监管区域经常项目外汇管理有关问题的通知》(汇发〔2013〕22 号)发布,意在严查虚假贸易,防范热钱等违法违规资金流动。

　　国际:

　　(1)2013 年 5 月,美联储主席伯南克暗示要退出 QE,自此美国退出 QE 开始受到全世界的关注。同样,我国政策层也在密切关注和应对,这也成为我国收紧流动性最主要的原因。2013 年 5 月 22 日,财政部副部长朱光耀表示,如果美联储逐步缩减 QE 的规模,则我国可能会面临大规模资本流出,这说明美联储退出 QE 已经引起了我国官方的高度重视。那么,为了防止大规模资本流出,我国该怎么做呢?那就是提高国内的利率水平,拉大中美利差。

　　2014 年 1 月 24 日,国家外汇管理局国际收支司司长管涛在一次新闻发布会上说明了当时的情况:2013 年 5～6 月,受美国 QE 有可能提前退出预期的影响,一些新兴市场国家资金大量外流，本币大幅贬值。

（2）2013 年上半年出现了全球降息潮，欧洲各国、韩国、印度、澳大利亚、以色列等国纷纷降息，但由于我国外汇储备主要是美元，国内货币政策受影响较小。不过受美国退出 QE 影响，2013 年 4 月巴西开始加息，2013 年 9 月印度也开始加息。

3. 监管环境

（1）债市风暴。在货币政策收紧之前，监管政策往往要打前站，先把小雷引爆，免得收紧时因小失大，出现系统性风险。2011 ～ 2012 年的债券牛市富了一批丙类户，他们可以说是"监管套利、制度套利、关联套利"的早期参与者。所以，在熊市启动之前，4 月债市风暴就已经启动。

2013 年 4 月，信托产品、券商资管、基金专户暂停银行间市场开户。

2013 年 5 月，中央国债登记结算有限责任公司（简称中债登）暂停各家商业银行的自营户和理财户之间的交易。非金融机构法人债券账户除卖出、履行未到期结算合同、转托管已经持有的债券外，暂停其他业务。

（2）理财创新乱象。2013 年上半年，关注度最高的是"影子银行"，其主要风险是不恰当宣传、不规范运作资产池、不透明、自营与代理不分，由原来的银信合作，扩大到了银证、银基或者三者嵌套的所谓创新业务模式，备受监管和社会关注。这种情况与 2016 年市场关注"资金空转""委外"异曲同工。

2013 年 3 月，《中国银监会关于规范商业银行理财业务投资运作有关问题的通知》（银监发〔2013〕8 号）限制银行非标业务发展。

巴曙松认为，银行理财产品的监管检查力度有可能强化，重点在不恰当宣传、不规范运作资产池、不透明、自营与代理不分及风险等。

总结 2013 年：货币超发＋热钱流入＋影子银行＝债市风暴＋加强监管＋资金紧张＝债券熊市。

实例二：2016 年牛转熊

1. 舆论吹风

2016 年经济热点词有经济 L 型、流动性陷阱、银行委外、资产荒、大宗商品价格暴涨、资本外流、美联储加息、特朗普当选美国总统。

2016 年的热词很多，无论从哪一个都可以看出当时债市已经很危险。

部分学者在不同时间点指出 2016 年资金泛滥，中国经济已经陷入"流动性陷阱"的威胁之中。很多融资畅通的企业，尤其是上市公司，在发债融资后，并没有扩大再生产，而是买银行理财产品进行套利。因为发债成本实在太低，AAA 级企业短融一年才 2.7% 左右的成本，而买银行理财一般收益率都在 4% 左右，实体企业直接做成了金融企业。2016 年 7 月，在中国资产管理年会上，央行调查统计司司长盛松成表示，货币政策有点陷入了"流动性陷阱"，大量的货币并没有迅速拉动经济，我们陷入了"企业流动性陷阱"。

2016 年更严重的是，很多资金根本进不了企业，而是在金融机构之间空转。银行发行同业存单，交给非银去做委外投资，非银拿到委外资金后，转头又去买银行同业存单。由此产生了一个热词，叫"同业空转"。流动性陷阱、同业空转让政策层不得不考虑收回过多的流动性，这就为债券熊市埋下了伏笔。

2016 年流动性极度泛滥，商业银行的钱太多，原本可以通过放贷、自营投资把负债资金用完，甚至略有缺口，但是钱太多，以至于不得不让别人帮忙才能把钱花出去，使得委外投资盛行。此外，银行不但资金外溢，配置资产选择也开始外溢。传统的债券投资、非标投资已经无法满足银行对收益的要求，因为收益率被买得太低了，所以股票打新、定增配资就成了银行的选择。2015 年末，国泰君安一篇研报称"2016 年债市，消灭一切价值洼地"。2016 年债市最疯狂的时候就是 8 ~ 10 月，流动性很差，几乎只有保险公司才会配置的 30 年利率债，竟然被包括券商、基金在内的各类机构炒成了一个交易品种。这就是当年"资产荒"逻辑盛行的原因，因为钱太多，把合适的资产都买完了。

2. 宏观背景

国内：

（1）2016 年 5 月 9 日，权威人士表示，中国经济运行是 L 型的，要彻底抛弃试图通过宽松货币加快经济增长、做大分母降杠杆的幻想。

这基本上定调了 2016 年的中国经济基本面及货币政策走势。只是在当时资金面极度宽松的状态下，市场更看重权威人士前半部分"中国经济运行是 L 型的"这个判断，认为基本面不好，对债券形成了支撑。但是后面的话更重要，说明货币政策要转向了。或许是因为 2014 年之后央行 2 次定向降准、6 次全面降准、6 次全面降息让市场遗忘了政策收紧的样子，疯狂的情绪完全屏蔽了各种利空消息。

（2）从大类资产配置的角度来看，2016 年资金回报率从高到低的资产分别是：以煤炭和螺纹钢为代表的黑色系商品期货、美元、货币基金、股票、债券。为什么黑色系商品期货是当年收益最高的呢？2015 年末，煤炭、钢铁经过多年的大幅下跌，行业都处于亏损状态。2016 年一季度出现债券违约潮，尤其是东北特钢的违约，让过剩产能行业发债更困难。也是从 2016 年开始，国家从整个行业的角度出发，进行了供给侧结构性改革。因此，煤炭、螺纹钢等黑色系大宗商品开始暴涨。加之 2016 年 12 月 1 日欧佩克八年来首次达成减产协议，原油暴涨逾 9%，加速了年末通胀预期的升温。

国际：

2013 年 5 月美联储只是吹风要退出 QE，就让新兴市场国家货币政策转向、债券暴跌，而当 2013 年 12 月美联储正式宣布退出 QE 后，货币政策转松，债市走牛。

2016 年，美联储自 2015 年末以来第二次加息，其实这是 2013 年退出 QE 政策的延续。因为美联储加息、特朗普效应等因素，2016 年美元走强，美债收益率大幅上行，导致人民币快速贬值，我国资本外流。我国外汇储备从最高时的 4 万亿美元，减少至年末的 3 万亿美元。这是我国货币政策收紧的主要原因。

3. 监管环境

2016 年是"资产荒"逻辑盛行的一年，市场上钱太多，资本有逐利的本性，到处找风险低、收益好的资产。险资举牌上市公司、万宝之争、资金空转、杠杆盛行，根本原因是货币政策太过宽松，市场资金泛滥。2014 ~ 2016 年，央行 2 次定向降准、6 次全面降准、6 次全面降息，可实体经济用不了那么多资金，多余的钱怎么办？放出来的"水"太多，实体经济用不完，"流动性陷阱"就成了必然的结果。

无论是国内的"流动性陷阱"困扰，还是美元走强倒逼，当时官方已经认识到了问题。

2016 年 1 月，在央行流动性座谈会上，央行行长助理张晓慧表示，管理流动性要高度关注人民币汇率的稳定，降准的政策信号过强。

3 月，监管层调查银行理财资金进入债券市场加杠杆博收益。先是股市，后是债市，杠杆资金战场的转移引发监管层密切关注。

4 月，监管部门研究制定银行间债市杠杆率的监测体系，以更充分地把握债市情况。

5月，中国证券投资基金业协会下发《证券期货经营机构落实资产管理业务"八条底线"禁止行为细则（修订版征求意见稿）》，加强了多项监管措施，严控资管杠杆。股票类、混合类资产管理计划的杠杆倍数不得超过1倍，期货类、固定收益类、非标类资产管理计划的杠杆倍数不得超过3倍，其他类资产管理计划的杠杆倍数不得超过2倍。

6月，保监会要求各资管公司要在2016年7月31日前完成自查及清理规范工作，并报送通道类业务自查报告。上海银监局推进上海金融机构进行表外业务自查，关注点在于银行是否将表外业务纳入全行授信监控。

7月，银监会下发的银行理财监管新规征求意见稿表示，拟控制商业银行每只理财产品的总资产不得超过该理财产品净资产的140%。

总结2016年：流动性陷阱＋银行委外＋资本外流→权威人士解读＋监管加强＋政策收紧→债券熊市＋守住3万亿外汇储备。

宏观信号

PPI不回落[⊖]，债市不走牛；PPI不见底，债市不走熊。

宏观信号是领先于市场的指标。

PPI见底6～16个月、平均10.6个月后债市转熊，但见底

⊖ 这里的回落，指的是PPI高位趋势性回落。

之前，债券趋势性牛市就会结束，转为横盘。

PPI 不见底，债市不走熊

PPI 是能够反映经济通胀水平与复苏、衰退阶段的重要宏观数据指标，对债市有着非常重要的信号作用（见图 3-3）。PPI 见顶回落是债券市场由熊转牛的重要信号，5 次熊转牛中有 4 次正确，成功概率为 80%：

（1）2004 年 10 月 PPI 见顶后趋势性下滑，2004 年 12 月债市转牛，间隔 2 个月；

（2）2008 年 8 月 PPI 见顶后趋势性下滑，2008 年 8 月债市转牛，间隔 0 个月；

（3）2011 年 7 月 PPI 见顶后趋势性下滑，2011 年 9 月债市转牛，间隔 2 个月；

（4）2014 年 7 月 PPI 横盘 1 年 10 个月之后下滑，但 2014 年 1 月债市就提前走牛；

（5）2017 年 10 月 PPI 见顶后趋势性下滑，2018 年 1 月债市转牛，间隔 3 个月。

PPI 见顶回落对于债市由熊转牛的预测几乎是同步的，从历史数据看，债市滞后最长不会超过 3 个月，也就是说，当经济下行压力加大时，央行为应对衰退，会更积极和及时地放松货币政策，为经济提供货币支持。

PPI 对于债券熊转牛很有信号作用，那对于牛转熊是否有指导意义呢？从历史数据中看（见图 3-3）：

（1）2002 年 1 月 PPI 见底，2003 年 5 月债市转熊，间隔 16 个月；

（2）2006 年 4 月 PPI 见底，2006 年 10 月债市转熊，间隔 6 个月；

（3）2009 年 7 月 PPI 见底，2010 年 7 月债市转熊，间隔 12 个月；

（4）2012 年 9 月 PPI 见底，2013 年 6 月债市转熊，间隔 9 个月；

（5）2015 年 12 月 PPI 见底，2016 年 10 月债市转熊，间隔 10 个月。

由此可以看出：

（1）PPI 见底 6 ～ 16 个月后，债市才会进入单边趋势性熊市，平均滞后 10.6 个月；

（2）PPI 不见底，债市不走熊；

（3）PPI 见底之前，债券趋势性牛市会转为横盘震荡。

为什么 PPI 一开始趋势性下滑，债券就走牛，而 PPI 见底平均约三个季度后，债市才走熊？这与央行促进经济增长的基本职责密不可分。PPI 趋势性下滑说明基本面走弱，为防止或对冲经济走弱，货币政策就会及时放松，债券牛市随即到来；而当 PPI

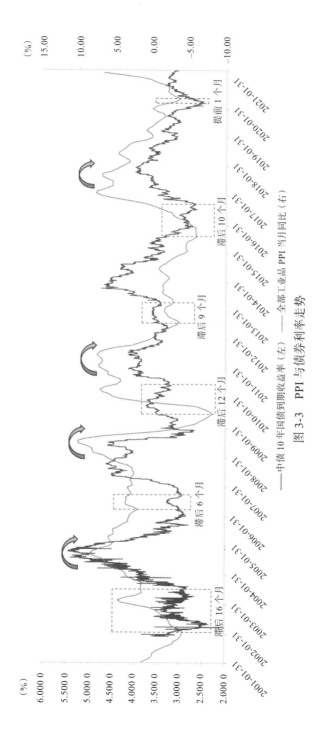

图 3-3　PPI 与债券利率走势

见底回升之后，央行担心经济复苏的真实性和稳定性，会有一个政策观察期，在后面的宏观数据进一步验证之后，才敢收紧。政策的目的是促进经济增长，所以，一有趋势性走弱的压力，就会及时放松刺激，而在经济好不容易走稳之后，是不敢贸然收紧的，需要进一步观察和确认。记得一次会议中，一位相关人士讲过，在一些政策出台后，需要对基本面的影响进行评估和观察，在出现一些积极信号后，一般不会只看一两个月的数据，而是会观察两三个季度，才能予以确认。这与上面的结论不谋而合。

总之，当基本面走弱，央行货币政策边际宽松时，"夏天"到来；当基本面企稳，央行货币政策进入观察期时，"秋天"到来；当经济复苏甚至繁荣，货币政策开始收紧时，"冬天"到来；当经济下行压力显现，央行紧缩货币政策停止加码时，"春天"到来。

石油底，债券底

石油是工业的血液，也是 PPI 的重要组成部分，其价格的涨跌与 PPI 的走势高度相关，对债券市场的走势也有一定的指导意义，而且有日度高频数据，较容易观察。2005 年之后，石油价格的阶段性底部，也是国内债券收益率的底部，在 6 轮完整的牛熊市中，有 5 次如此。

石油价格的见底回升，意味着经济的企稳，也意味着通胀的上涨，这两点对债市都是大利空。所以，当石油价格见底时，中国作为全球第一大石油进口国，国内的债市也将与之共振。人们往往在悲观的时候更悲观，在疯狂的时候更疯狂。但是，市场供需双方交易出的价格不会说谎，既然原油的价格见底，那就代表基本面已经稳定（见图 3-4）：

（1）2001 年 11 月原油价格见底，2002 年 6 月国债收益率见底，滞后 7 个月；

（2）2005 ～ 2006 年债券牛市，不完全符合；

（3）2008 年 12 月末原油价格见底，2009 年 1 月初国债收益率见底，基本同步；

（4）2012 年 6 月末原油价格见底，2012 年 7 月初国债收益率见底，基本同步；

（5）2016 年 2 月中原油价格见底，2016 年 10 月末国债收益率见底，滞后 8 个月；

（6）2020 年 4 月末原油价格见底，2020 年 4 月国债收益率见底，基本同步。

原油价格见底等于国债收益率见底，但并不意味着债市进入熊市，只意味着债市趋势性行情的结束，之后可能会有漫长的"秋天"横盘行情。

两者过于同步，都是几个月后才能知道石油价格是否会见底，虽然没有很强的预警作用，但却能反过来印证债市的"夏天"趋势性行情是否在基本见底后已经结束，进入了"秋天"的横盘行情。对债市来说，这或许就是观察石油价格的价值所在。

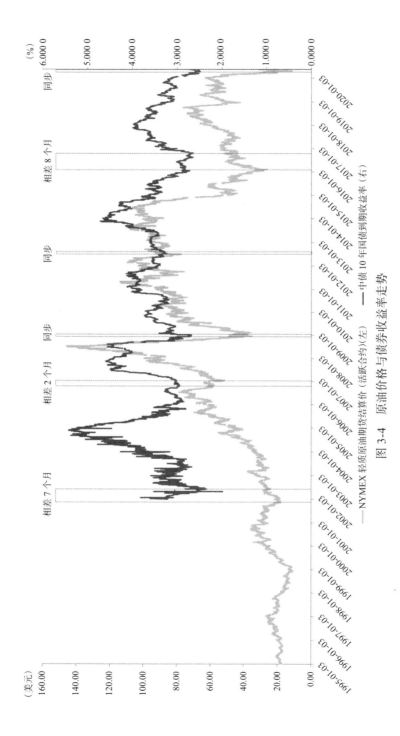

图 3-4 原油价格与债券收益率走势

PPI 与原油价格高度相关，因为 PPI 本身也包含了原油及其衍生化工品，但是两者不完全同步。毕竟 PPI 才能更加全面地反映经济基本面，而原油价格更多受国际经济状况的影响，所以，国内 PPI 数据与国内债市的相关性更强。比如，2004 年 10 月 PPI 就已经见底回落，10 年国债收益率也见顶回落，与此同时，国际原油价格并没有下跌，而是继续上涨。

总之，原油价格反映了全球经济的基本面状况，亦属于高频数据，对债市的波动具有一定的指导意义。

政策信号

首次降准已过半，开始降息要横盘。放水预期频落空，趋势牛市恐结束。

首次降准已过半，开始降息要横盘

当经济开始出现衰退时，货币政策就将放松，以促进经济增长，但并不是一有衰退的苗头，央行就立刻降准、降息，而是先动用公开市场操作、SLF 和 MLF 等中短期的数量型货币政策工具来边际放松，向市场注入资金。在对经济形势观察一段时间之后，如果基本面下行压力依然不减，央行才会动用降准、降息等价格型货币政策工具。当然，央行放水刺激经济需要商业银行、证券、基金、信托等众多金融机构来具体实施，由这些机构向实体企业提供融资，央行不会直接对接具体的企业。这就天然形成了两个市场：央行与金融机构之间的上游"批发市场"，金融机构与实体企业之间的下游"零售市场"。资金先由央行"批发"给以商业银行为代表的金融机构，再由金融机构"零售"给实体企业。在央行"批发"资金的工具中，存款准备金是最传统、最有效的工具之一，央行通过降准不但可以把大量资金"批发"给银行，而且极大地降低了银行的负债成本；在金融机构"零售"资金的工具中，贷款是最重要的支持实体经济的工具，如果"零售"给企业的资金只有量上的增加，没有价格上的优惠，那对实体经济的刺激效果就会大打折扣，这时就需要降息。从降准"批发"到降息"零售"的过程，对应的就是货币政策从宽货币到宽信用的过程：央行通过降准先将资金"批发"给银行，进而形成上游的银行间市场"蓄水池"；之后，再通过降息，使资金流入下游实体经济"蓄水池"，降低企业的融资成本，达到加量降低、放水养鱼的经济刺激目的。

央行"批发"放水给银行的宽货币过程，会使得银行间市场这个大"蓄水池"的水位边际上涨，进而推动银行间市场内的资产价格上涨，这就是债券牛市从开启到兴盛的过程。央行不会在经济刚开始衰退时就动用数量型货币政策工具，而会先从量上逐渐边际松动放水。债市作为利率市场化的先锋，具有敏锐的洞察力，先知先觉者会在利率高位开始增加配置，而在熊市中被吓破胆的人会怀疑和纠结。但不管怎样，在央行向市场注入活水之后，天平就已经偏向了多头一方，收益率开始尝试性地震荡下行，牛市之旅已经开启。而当央行首次运用全面降准、降息工具之时，牛市往往已经走完了近半旅程，也就是债市收益率已经走过了一段幅度不小的下行空间，此时央行祭出降准放水，债市的确会疯狂一把，来波大涨，但之后无论是央行有意抑制市场的疯狂情绪，还是市场本身恐高，很多人都反而会有利多出尽、牛市结束的判断，认为央行该使用的工具均已使用，债券的价格已经完全反映了后市的想象空间，收益率已经从最高位下行了这么大的空间，不可能再下行了，或者下行的空间已经很小了，由此感性地判断债券趋势性牛市即将结束。但其实，首次降准只是正式放水的开始，没有哪一次宽松货币政策只降一次准或只放一次水的。如果说降准之前的债牛行情是市场悲观情绪修复加资金边际宽松推动的，那么降准之后的债牛行情就是由真正的套利或赚钱效应来推动的。因为在降准前后，央行也会降低其他中短期货币工具的利率，如公开市场操作、SLO、MLF 等。在宽货币的过程中，金融机构从央行那里批发来的资金成本（即负债成本）也会大幅下降。那么，当资产端收益与负债端成本之间的利差拉大时，套利行情将到来，债券牛市也将进入第二个阶段。

最后一个趋势性下行的阶段，往往出现在央行降息之后，市场被疯狂的情绪推动，进而过度透支和偏离了债券投资票息套利的本质。而且，央行开始降息，就是宽信用的正式开启，经济基本面也将被托底，逐步复苏。所以，往往当央行开始动用降息工具宽信用时，债市的趋势性行情就将接近尾声。当然，如果经济复苏的效果较差，央行在降息宽信用的同时，也会降准来宽货币，这就将延续债市的趋势性行情，毕竟银行间市场这个"蓄水池"的水位还是在继续边际抬升的。当宽信用政策实施、经济开始复苏时，其实央行并不会立刻回收流动性，也不会继续宽货币放水，因为放水过量会给未来带来巨大的通货膨胀隐患和后遗症。所以，货币政策将进入观察期。这时银行间市场这个"蓄水池"的水位将不会继续抬升,而是在一个水平保持不变。观察期对应债市,其实就是横盘震荡的"秋天"行情。那么,当经济繁荣、通货膨胀高企之时,央行就会收紧流动性,来抑制过热的经济,这时债市的"冬天"行情就将到来。

货币传导"三部曲":流动性约束、资本约束、利率约束

2019 年 1 月,央行货币政策司司长孙国峰谈到疏通货币传导机制的"三部曲"。银行虽然没有预算约束,但有流动性约束、资本约束和利率约束,这三类约束会影响货币政策传导,所以,要疏通货币政策传导机制,就要从破解这三类约束下手。

当基本面出现衰退时,央行将采取宽松的货币政策,每次都先降准,后降息,即先宽货币,再宽信用。当然,随着央行货币政策工具的不断丰富,降准、降息的范畴也较过去扩大了许多,例如,2019 年 8 月 17 日央行改革完善贷款市场报价利率(LPR)形成机制之后,被银行广泛使用的 LPR 就与 MLF 利率相挂钩,降低 MLF 利率也就等同于降息。

回顾一下 2018 ~ 2020 年宽松货币政策的实施过程。

2017 年 9 月末,央行宣布降准,但正式实施是在 2018 年 1 月 25 日。自此,央行的货币政策由 2017 年的强监管、紧货币,转向了扩张。降准属于宽货币,是打破流动性约束,把资金从央行的"水池"中释放至银行间市场这个货币"批发市场"。2019 年 1 月,作为商业银行资本补充的新工具,银行永续债发力,开

始大量补充商业银行的资本充足率，打破了资本约束。2019 年 11 月 5 日，MLF 利率下调，这是本轮货币宽松周期首次调整政策利率，也正式从政策层面打破了宽信用的利率约束。当然，打破流动性约束、资本约束及利率约束的过程不是严格分开的，而是相互重叠的，只不过从宽货币到宽信用需要一个渐进的过程。

2019 年 1 月，孙国峰司长还称，在利率传导的过程中，央行货币政策操作对货币市场、债券市场的利率传导作用较为直接、明显，但银行信贷市场仍存在存贷款基准利率，对贷款利率的传导有所阻滞，利率传导不畅也会对银行信贷需求形成约束。为了解决这一问题，需要将基准利率与市场利率并存的"两轨"合并为"一轨"。

在 2018 年连续降准放水之后，央行解决了流动性约束，2019年初则解决了资本约束。现在我们回过头来看，2019 年 11 月解决了利率约束。不少人担心信用宽下去，或者在信贷数据好转后，债券市场就没戏了，甚至要转熊了。这种担心大可不必，从央行的角度来讲，它希望的是整个社会的融资成本降低，而不只是贷款利率降低。如果贷款利率下降了，债券收益率上行了，那岂不是顾此失彼，按下葫芦浮起瓢？如果信贷放量了，信用宽下去了，央行还需要有个货币政策的观察期，即央行还需要观察放出去的钱对经济的刺激效果。对基本面数据观察以后，如果达到了稳定经济的效果，才可能收紧货币，债券市场才可能走熊。当央行解决流动性约束时，"春江水暖债先知"，利率市场化的排头兵——债券反应最迅速，收益率最先下行。债券和信贷并非此消彼长的关系，而是先后的关系，是债券收益率领先信贷利率，上行或下行都是如此。正如孙国峰司长所言，央行货币政策操作对货币市场、债券市场的利率传导作用较为直接、明显，但对银行信贷市场有所阻滞。

当央行解决流动性约束时，债券利率率先下行。而央行开始着手解决利率约束，是给实体企业降成本，对政策最敏感的债券收益率已经在宽货币时大幅下行。所以，在宽信用时债券收益率已经下来了，而信贷利率还在上面。央行就是要解决资金成本由上游往下游传导的问题，只有把信贷利率也降下来，才能降低整个社会的融资成本。但绝不是说央行降低了信贷利率，债券收益率就要上行，这不是政策想要看到的，虽然在解决利率约束时，债券收益率进一步下行的空间已经不大了，但也不会趋势性上行。在宽信用后，货币政策会进入观察期，债券市场也将进入宽幅横盘震荡的"秋天"行情。待经济真正企稳复苏，并达到央行合意的水平之后，货币才会全面收紧，债券市场的熊市才会到来。

结合宏观信号 PPI 会更加直观。历史数据表明，当 PPI 由趋势性下跌转为反弹或企稳后，在 6～16 个月、平均 10.6 个月之后，央行货币政策将转紧，债券市场将转熊。或许是偶然，也或许就是这样，央行在观察到以 PPI 为代表的宏观数据企稳约 3 个季度后，可能就会收紧货币政策了。所以，与债券市场对立的并不是宽信用，也不是信贷超预期，而是基本面的真正企稳。

总之，对于货币政策来说，货币政策宽松期对应的是债券牛市，货币政策观察期对应的是债券震荡市，货币政策紧缩期对应的是债券熊市。

资金信号

先资金底后收益率底。

资金信号是领先于市场的指标。

资金利率见底后 0 ～ 8 个月，平均 2.8 个月，债券利率见底，开启横盘（"夏天"结束，"秋天"到来）。

先资金底后收益率底

对商业银行来讲，债券本质上是标准化、可流通的贷款资产，其最本质的收入是票息收入。银行投资债券的前提是先有资金，但无论是自有资金，还是借入的负债资金，一定是有成本的。那么，成本的高低如何来衡量呢？市场中有很多资金利率，最市场化、成交量最大的莫过于银行间质押式回购隔夜资金（以下简称隔夜）利率。隔夜利率能够最直接、最快速、最充分地衡量市场资金成本的边际变化，就像压力测试一样，其最高点和最低点代表了一轮货币政策最紧张和最宽松的程度。

正如政策信号一节中所言，当央行货币政策开始由宽货币转向宽信用，且基本面开始复苏时，银行间市场这个大"蓄水池"的水位就不再边际抬升，即资金利率不再创新低，这就意味着一波宽松周期资金底的确立。但是，债券收益率底并不会同步出现，一是因为货币政策不会"V"字急刹车式地收紧，二是市场情绪有惯性。

因为货币政策是先宽货币后宽信用，所以资金底将在一轮宽松周期中最先出现；而市场情绪有一定的惯性，这就使得债市的收益率底滞后出现，即先资金底后收益率底。从具体历史数据上看（见图3-5）：

（1）2005年6～10月，先资金底后收益率底（滞后4个月）；

（2）2009年1月，资金底、收益率底同时出现；

（3）2012年5～7月，先资金底后收益率底（滞后2个月）；

（4）2015年5月～2016年1月，先资金底后收益率底（滞后8个月）；

（5）2020年4月，资金底、收益率底同时出现。

滞后区间为0～8个月，平均滞后2.8个月。这个划分采用的不是债市进入趋势性熊市前的底部，而是趋势性牛市结束时，即"夏天"结束时出现的底部，之后，一般还会在"冬天"熊市来临之前，有一段时间的"秋天"横盘行情。

在债市的5次牛熊周期之中，有2次是资金底、收益率底同时出现，分别是2009年1月和2020年4月。这两次有一个共同的特点：都存在危机模式下的急速放水。另外3次均有滞后，最短的2个月，最长的8个月。也就是说，如果没有金融危机或新冠肺炎疫情这样的危机模式，在经济正常衰退、宽松货币刺激的模式下，资金底与收益率底之间，大概率会有滞后。我们做这个研究的目的，不是刻舟求剑，而是要做到心中有数。在趋势性的牛市行情中，债券收益率不断下行，但我们的内心却恐慌无比。还能下行吗？已经突破前期低点了，还能下行到哪里去？于是纷

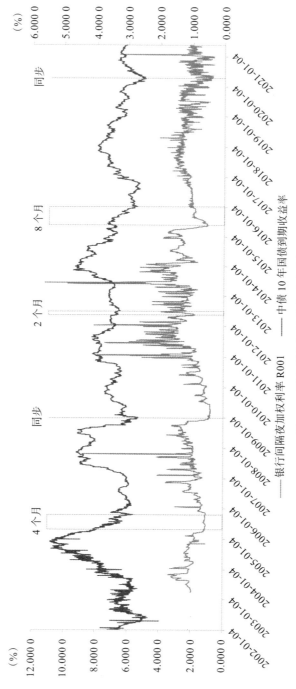

图 3-5　隔夜利率与债券收益率走势

纷下车。但实际上，我们可以跳出债券看资金，不去看债券收益率的底是否出现，而是看资金利率的底部是否出现。如果资金利率还有空间，那么，债券收益率也大概率还未见底；但是，如果资金利率已经低无可低，那么，债券收益率的底也就不太远了，就需要提高警惕。当然，只要不是危机模式下的急速放水，即使债券收益率见底了，也只是宣布趋势性的"夏天"行情结束了，后面大概率还会有横盘的"秋天"行情。

当然，我们需要注意的是，在一波牛市行情中，也许你以为资金利率见底了，但其实央行也是走一步看一步，而且有很多央行也无法预测但又必须要应对的"黑天鹅"事件出现。所以，有可能在你认为央行不可能再放水的时候，央行还会继续放水，资金利率可能还要进一步下跌，资金底也会进一步下探。就像2015年，央行为救市进一步降准放水一样，当时资金利率就再下了一个台阶。还有2020年，新冠肺炎疫情导致央行再放水，资金底进一步下探。所以，在隔夜利率见底之前，或者刚见底之时，我们没必要天天杞人忧天地担忧债市要反转，熊市要到来，只要资金不见底，债券收益率就不见底。隔夜利率每创一次新低，我们就可能有2.8个月的观察期或等待期，在这个时间段内，债市可能不但不会转熊，还会创收益率新低；而如果在这个观察期内，资金利率创了新低，那么就以新的时间为起点，再往后顺延2.8个月。但是，如果央行有意引导资金利率上涨，就不要再幻想了，债券收益率或已见底，甚至会直接反转。

当然，"先资金底后收益率底"只是八大信号之一，我们不能孤立使用，还需要结合其他信号一起运用，才能对债市的整体季节准确定位。

另外，按照"先资金底后收益率底"，我们可以从绝对位置来预估一波牛市的底部区间范围。资金以银行间隔夜加权利率 R001 为准，收益率以 10 年国债收益率为准，根据历史数据来算：

（1）2005 年 6 月资金底为 1.08%，2005 年 10 月收益率底为 2.79%（滞后 4 个月），差 1.71%；

（2）2009 年 1 月资金底为 0.81%，2009 年 1 月收益率底为 2.67%（同步），差 1.86%；

（3）2012 年 5 月资金底为 1.83%，2012 年 7 月收益率底为 3.24%（滞后 2 个月），差 1.41%；

（4）2015 年 5 月资金底为 1.02%，2016 年 1 月收益率底为 2.72%（滞后 8 个月），差 1.70%；

（5）2020 年 4 月资金底为 0.72%，2020 年 4 月收益率底为 2.50%（同步），差 1.78%。

以 R001 为基准，可以对滞后见底的 10 年国债收益率做一个大概的底部区间预估：R001+1.41 ～ R001+1.86，均值为 R001+1.69。做进一步简化：R001+1.4 ～ R001+1.9，均值为 R001+1.7。

我们以隔夜利率为参照，就可以在时间和空间上，对一轮趋势性债券牛市的收益率底有一个大概的估算，就能做到心中有数。当然，这只是一个历史数据的简单推演，只可作为参照，不可作为预测市场未来走势的依据。

套利信号

陡峭确认牛市，平坦确认熊市。

10Y-3M 国债利差 > 100bp，陡峭，牛市确认，做多；10Y-3M 国债利差 < 60bp，谨慎；10Y-3M 国债利差 < 30bp，平坦，熊市确认，做空。

事不过三：第一次陡峭表明牛市到来，第二次表明牛市进行，第三次就是强弩之末；第一次平坦表明熊市到来，第二次表明熊市进行，第三次就是接近尾声。

套利信号：期限利差

陡峭确认牛市，平坦确认熊市。

从历史数据来看，2011 年之前，期限利差非常大，尤其是 2009 年 4 万亿元投资期间，2009～2010 年 10Y-3M 国债利差在 200bp 以上。或许是因为当年货币政策传导非常顺畅，4 万亿元大水一放，立刻反映在经济基本面上，各项宏观经济指标 V 字反转。另外，当年贷款利率较债券收益率要高很多。所以，即使资金面很宽松，但更多的银行资金仍倾向于投放贷款，而非配置债券，这就使得长端收益率上行，而短端收益率还在大水之下保持低位，期限利差巨大。不过 2011 年之后长短端利差整体收窄，也开始变得更加平稳，并有一定的规律性。

让我们参照 2011 年以后的两轮完整牛熊市，从期限利差的变化中，总结一些符合逻辑的规律（见图 3-6）。

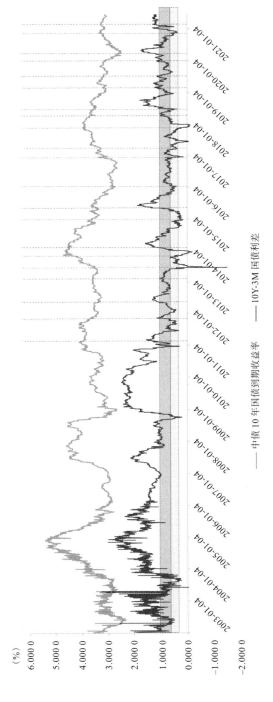

图 3-6　期限利差与债券收益率走势

长短端利差拉大（收益率曲线陡峭）是资金套利的基础，也是债券牛市的基础。当利差缩小时，要么是债券牛市，长端收益率下行得偏快；要么是政策收紧，短端收益率上行得偏快，甚至出现极端的拥挤交易，导致长短端利差为负的现象。

1. 陡峭就意味着套利和机会

2011 年 9 月～ 2013 年 5 月，10Y-3M 国债利差有三次达到或超过 100bp；无独有偶，2013 年 11 月～ 2016 年 10 月，同样是三次达到或超过 100bp（见图 3-7）。这与波浪理论三大浪不谋而合，那么三次陡峭背后的逻辑是什么呢？

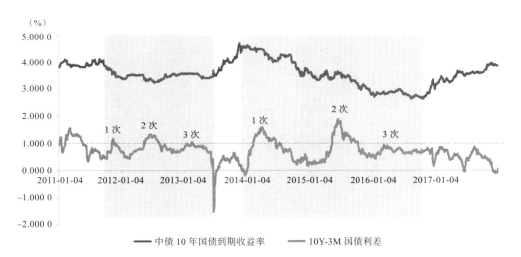

图 3-7　2011 ～ 2016 年两次债券牛市中的三次陡峭

第一次陡峭处于政策转向期，是牛市的开端。央行政策开始转松，短端收益率下行较快；而长端收益率，因为市场已经被熊市吓怕，一时还转不过弯来，依然在高位运行，或者下行的速度较短端收益率更缓慢，而且市场本身需要对政策转向加以确认，所以长短端利差会明显拉大，收益率曲线变陡。

第二次陡峭处于政策落地的观察期，是牛市的中场休息。在市场确立政策转向后，因为前期长端收益率下行得太快，有很多人获利了结，而且市场不知道后面政策是否还会继续宽松，所以债市会出现反弹后的横盘震荡。或许央行也进入了一个政策宽松效果的观察期，实际上政策并未转向。所以，此时短端收益率不会上行，甚至还会向下，而长端收益率则出现了不同程度的向上调整，这就造成了长短端利差再次拉大、收益率曲线再次变陡的情形。其实这只是牛市的中场休息，短端收益率维持在低位，最终会因为套利空间巨大而把长端收益率拉下来。

第三次陡峭处于情绪的疯狂期，牛市落幕。政策的继续宽松会使得短端收益率维持低位或者再下一个台阶，然而，长端收益率在经过前几轮的下行之后，已处于低位甚至是历史低位，即使短端收益率再下降，对长端收益率也没有太大的下拉作用。但此时，却是市场最疯狂、最亢奋、最不相信利空消息的时期，实际上已是强弩之末，是最后出逃的机会。

2. 平坦就意味着恐慌和风险

收益率曲线平坦化后，即长短端利差几乎为零甚至为负时，债券市场又将是什么表现呢？这往往意味着熊市（见图 3-8）。

2016 年 10 月～ 2018 年 1 月，10Y-3M 国债利差三次低于 30bp，分别在 2016 年 12 月 19 日、2017 年 6 月 2 日、2017 年 11 月 16 日。这三次曲线的极度扁平分别对应该轮熊市的开场、中

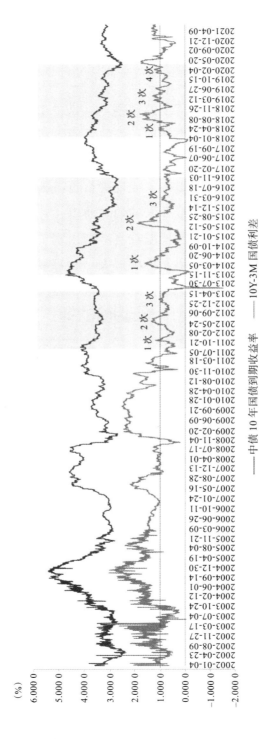

——中债 10 年国债到期收益率 ——10Y-3M 国债利差

图 3-8 利差走阔与债券收益率走势

场、结尾。

2013 年 6 月 ～ 2014 年 1 月，10Y-3M 国债利差两次低于 30bp，分别在 2013 年 6 月 18 日、2013 年 11 月 14 日。这两次曲线的平坦分别对应该轮熊市的开场、结尾。

2010 年 7 月 ～ 2011 年 8 月，10Y-3M 国债利差两次低于或接近 30bp，分别在 2010 年 12 月 24 日、2011 年 6 月 23 日。这两次曲线的平坦分别对应该轮熊市的开场、结尾。

总结来看，第一次平坦宣布熊市到来，之后如果没有出现第二次平坦（恐慌），就说明熊市还没有结束，万不可轻易抄底。

其实，通过监控收益率曲线的陡峭或平坦，是很难做到预测市场的，这是相对滞后的指标，不能作为事前指标，只能用于中途验证。在政策转松使短端收益率较快下行，导致曲线陡峭后，再下手做多，行情可能已经过去 1/4 了；而在政策转紧使短端收益率快速上行，导致曲线平坦后，再下手做空，熊市可能已经展开了。虽然收益率曲线的陡峭与平坦做不到事前提示，但是可以做到事中确认：陡峭时确认牛市还未结束，平坦时确认熊市在进行中。

借用债市大咖董德志老师的总结就是：曲线不陡，熊市不走（熊市终结都以曲线陡峭化为同步特征，历史 5 次熊市的验证概率为 100%）；曲线不平，牛市不停（牛市终结都以曲线平坦化为同步特征，历史 4 次牛市的验证概率为 50%）。

以上对长短端利差的总结均在 2011 年之后，但并不是之前就不适用，而是因为在 2011 年之前，对于收益率曲线平坦与陡峭的标准不一致。整体来看，2011 年之后，10Y-3M 国债利差上至 100bp 就非常陡峭了，下至 30bp 就非常扁平了；而在 2011 年之前，10Y-3M 国债利差上至 200bp 以上才算陡峭，而下至 100bp 算是很平坦了。以这个标准来看，以 2006 年 10 月～ 2008 年 8 月的熊市为例，10Y-3M 国债利差下至 100bp，分别在 2006 年 12 月 13 日、2007 年 12 月 26 日，这两次曲线的平坦化分别对应了该轮熊市的开场、结尾。

陡峭就意味着牛市，因为有利可图；平坦就意味着熊市，因为无利可图。陡峭孕育着疯狂，平坦预示着恐慌。

"夏秋"两季三起三落

总结一下 10Y-3M 国债利差中的规律（见图 3-8）：

（1）陡峭是机会（曲线不陡，熊市不走），平坦是风险（曲线不平，牛市不停）。10Y-3M 国债利差 > 100bp，陡峭，牛市确认，做多；10Y-3M 国债利差 < 60bp，谨慎；10Y-3M 国债利差 < 30bp，平坦，熊市确认，做空。

事不过三。第一次陡峭告诉牛市到来，第二次告诉牛市进行，第三次就是强弩之末；第一次平坦告诉熊市到来，第二次告诉熊市进行，第三次就是接近尾声。

（2）三陡三平，三起三落。三陡高点呈"山"字，三平低点要"上坡"。无起即无落，有落必先起。

（3）3 个月无新低，10 年无新低；3 个月创新低，10 年创新低。

按照 2011 年 8 月～ 2013 年 5 月、2014 年 1 月～ 2016 年 10 月这两轮"夏天＋秋天"行情的规律看，10Y-3M 国债利差均经历了三次陡峭（＞ 100bp）和三次平坦（＜ 60bp），有三起三落的特征，即有三次从大于 100bp 到小于 60bp 的过程，这正好就是波浪理论中的一浪、三浪、五浪。所以，以后不要通过简单地看收益率曲线图来数浪，可以通过期限利差的三起三落来数浪。

长短端利差曲线除了三起三落这个特征外，还有更深的特征：前两起两落都在收益率趋势性下行的"夏天"之中，而第三次起落则在收益率底部横盘震荡的"秋天"之中。而且，这三次起落中陡峭的三个高点呈现中间高、两边低的"山"字形特点，即中间陡峭时的利差最高，而两边陡峭时的利差较低；这三次起落中平坦的三个低点呈逐渐抬高的"上坡"形特点。

1. 三起三落高点的"山"字形特点

"一起"（第一次陡峭）在债券熊市后，紧缩的货币政策开始松动，央行运用公开市场操作等短期工具向市场放水，资金面开始边际宽松，短端收益率开始明显下行，长端收益率虽然也会下行，但市场对熊市依然心有余悸，对已经到来的牛市还将信将疑，所以相较短端收益率的下行速度，长端收益率要更慢一些。这样收益率曲线就由熊市时的极度平坦，甚至长短端倒挂，开始变得陡峭，这是"一起"。

"二起"（第二次陡峭）时，央行已经不满足于用短期工具来放水，而是开始运用 MLF、降准等工具释放中长期的大资金，且连续多次使用。这样短端收益率就下得更快、更低，收益率曲线也就更加陡峭。这是"二起"，往往也是最陡峭的。

"三起"（第三次陡峭）时，在经过一波又一波的放水之后，央行进入了货币政策的观察期，放水的速度和频率开始下降，之前的降准甚至可能是一轮宽松周期的最后一次降准了。此时，"水平面"（短端收益率）开始维持在一个很低的水平，不会更低了，甚至可能抬升一些；长端收益率的波动也会加大，不再有"一起"和"二起"时那样的大幅趋势性下行。在央行货币政策进入观察期后，"水平面"不再进一步回落，可参照每一波 3 个月国债收益率的最低点。收益率曲线虽然也会因资金面的宽松而陡峭化，但利差的高点已经远低于"二起"时的利差高点，而这时债券市场也就进入了"秋天"行情，这就是"三起"。

2. 三起三落低点的"上坡"形特点

"一落"（第一次平坦）出现在央行刚开始运用降准等政策时，市场确认了债券牛市的到来，这时长端收益率疯狂下行，完全不理会短端收益率在季末或缴税等时点面临的阶段性资金紧张利空。长端下行，短端下行，两边一挤压，"一落"就形成了。

"二落"（第二次平坦）同样是长短端两头挤。"一落"时，往往出现政策预期差推动长端收益率疯狂下行。"二落"纯粹是被宽松货币环境下的"大水"买下来的。市场中有太多太便宜的资金，产生了巨大的长短端利差，进而形成了"二起"，这是长短期巨大的套利空间，充裕的短期流动性会使得投资者大量配置性买入做多，长端收益率会快速下行。当遇到跨季、缴税等时点时，短端收益率会季节性上涨。长短端两头一挤，曲线再次平坦化，这是"二落"。

"三落"（第三次平坦）时，因为央行能放的水都放了，货币政策进入观察期，短端收益率不再快速大幅地进一步下行。"三起"时的利差本来就不大，市场中能臆想的利多也都被预期到了，完全打成了"明牌"。没有了更多的利差，没有了更多的预期差，市场就没有前两次起落时那么疯狂。在"三起"中，曲线本来就比较平坦了，"三落"似乎成了存量博弈，大家开始比谁更胆大，这时就看谁更敢拿更长的债、评级更低的债。长端收益率下行的幅度已经不大，而短端收益率会因为跨季而季节性上行，有可能一次性上去就不下来了（2013 年 6 ~ 12 月），也有可能上去后再下来，依然维持在一个低位运行（2016 年 6 ~ 10 月）。总之，在"三落"后，要非常小心，这可能是"秋冬"季节的拐点。

当然，这里总结的"夏秋"两季经历的三起三落只是两轮历史数据的总结，我们不能以偏概全，毕竟这只是对两轮牛熊市中"夏秋"牛市行情的总结，样本太少，还不太具有普遍性，未来的债市也许会有第四个起落。但是，有一个核心不会变，那就是资金逐利的天性。债券投资的本质是套利，市场无利不起早，没有利差可套，长端收益率就不会下行开启牛市。要想有"落"（收益率下行），就必须有"起"，即长短端利差必须拉大。短端收益率先下行，有了套利空间，长端收益率才能下台阶。无起即无落，有落必先起。这有点像我们跳高，必须先蹲下，然后再往上跳。

情绪信号

战略情绪信号：10 年国开债与 10 年国债利差 > 90bp，战略性做多；10 年国开债与 10 年国债利差 < 35bp，战略性做空。

辅助情绪信号：市价 – 90 日均线 < – 45bp，极度疯狂（易在"夏天"中和尾的牛市确认和疯狂底部出现）；市价 – 90 日均线 < –20bp，比较疯狂（易在"秋老虎"或最后的疯狂时出现）；市价 – 90 日均线 > 59bp，极度恐慌（易在"冬天"两头出现）；市价 – 90 日均线 > 20bp，比较恐慌（易在"春秋"两季大幅回调时出现）。

战略情绪信号：10 年国开债与 10 年国债利差

10 年国债是国际公认的无风险利率的标杆品种，我国债券市场成交最活跃的品种有两个：一个是 10 年国开债，一个是 10 年国债。两者波动趋势基本一致，但波动幅度不同，正是这种偏差，让我们能挖掘出其中的价值：情绪信号。

我们知道，越活跃的品种，其反映的信息越全面。每天成交数百笔的债券，和每月只成交一两笔的债券，其包含的市场信息是完全不一样的。对于一个每天、每时、每刻都在成交的品种，市场中的所有政策、资金，甚至一个传言，都会反映到市场的波动之中。而对于一个一个月只成交一笔的品种，一个月间市场信息千变万化，但它没有成交，自然就不会反映这些信息所带来的价值。

在国内债市，10 年国债收益率作为整个债市的标杆利率，可以说是整个社会融资成本的风向标，正因如此，10 年国债收益率不但受市场情绪影响，更重要的是受政策影响。但其实，国内债市最活跃的品种是 10 年国开债，它能反映出市场中更多的信息。国债和国开债均是国家信用担保的无信用风险债券，两者之间，除了税收和发行人背景之外，并无二致。那为什么两者的收益率还会有所不同呢？有时可以缩小到 30bp，有时可以拉大到 100bp，这种变动到底隐含了哪些有价值的信息呢？答案就是市场情绪。从实际的市场波动中也能够看出，在熊市中，往往国债已经见顶不再创新高，国开债依然延续着市场的恐慌情绪，继续往上突破；而在牛市中，国债已经下行不动了，但国开债还会继续被市场情绪向下压。

在牛市的尾端，或者在市场情绪极度乐观时，10 年国债收益率已经见底，但 10 年国开债收益率还会被狂热的市场情绪推动继续下行，10 年国开债与 10 年国债利差因此被压缩。反之，在熊市的尾端，或者在市场情绪极度悲观时，10 年国债收益率已经见顶，但 10 年国开债收益率还会被恐慌的市场情绪推动继续上行，10 年国开债与 10 年国债利差因此被拉大。从历史数据来测算：10 年国开债与 10 年国债利差 > 90bp，市场极度恐慌，可以战略性做多；10 年国开债与 10 年国债利差 < 35bp，市场极度疯狂，可以战略性做空。

回顾历次熊市，在熊尾牛初，债券收益率往往会经历"二次探顶"的过程，10 年国债第二次未必能探到前期的最高点，但在"二次探顶"的过程中，国债收益率已经基本企稳，上行幅度相对较小，而国开债收益率往往会在恐慌情绪的推动下创出新高。此时，国开债与国债利差会明显拉大，当利差达到 90bp 附近时，就标志着市场情绪恐慌到了极点，债市基本也就接近了熊市收益率的最高点，即熊牛拐点。

如果我们以利差达到 90bp 为起点，以熊市收益率最高点（熊转牛的拐点）为终点来测算，那么滞后的时间分别为 7 个月（2008 年）、20 天（2011 年）、28 天（2013 年）、2 个月（2018）（见图 3-9）。即当 10 年国开债与 10 年国债利差 > 90bp 时，熊牛的拐点也就不远了。

债市在一波恐慌式熊市之后，开始逐步调头下行，这往往并不是因为市场有了足够的套利空间，而是因为恐慌情绪有所修复。但是，之后能否继续下行，形成真正的趋势，还要靠真金白银的套利来推动。而牛市中的最后一波下行，则要靠一致预期下疯狂的情绪去接力推动了。

也就是说，一波中大型的趋势行情，一般可分为三个阶段：修复行情，恐慌之后的情绪修复行情；需求行情，真正套利的需求推动行情；情绪行情，事件刺激的情绪发泄行情。

战术情绪信号：市价与 90 日均线的偏离度

除了国开债与国债利差，我们还可以从每日的市价偏离均线的程度，⊖来看短期的市场情绪是否过于乐观或过于悲观。

⊖ 这里的市价与均线指的都是收益率。

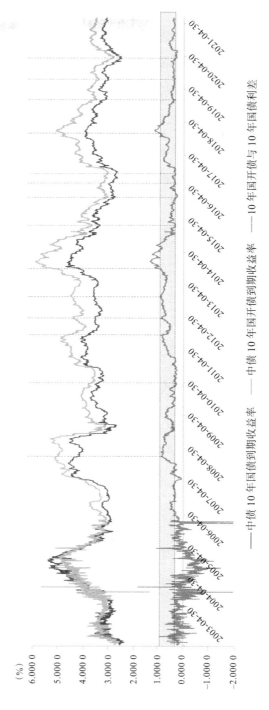

图 3-9　10 年国开债与 10 年国债利差

90 日均线是过去 90 个交易日市价的平均水平，当日的市价反映了最新的市场信息和市场情绪，两者之差能够在一定程度上量化出市场的情绪热度，如果偏离过多，就说明市场情绪过于疯狂或过于恐慌。

具体来看：市价 – 90 日均线（市价与 90 日均线之差）2002 年 1 月 ～ 2021 年 12 月的最高值为 82bp（2013 年 11 月 22 日），最低值为 –135bp（2008 年 11 月 13 日），平均值为 0bp。

市价 – 90 日均线 < –45bp，情绪疯狂（一般在"夏天"趋势行情中才能达到）；

市价 – 90 日均线 < –25bp，情绪过热（一般发生在收益率上破 90 日均线后横盘的"秋天"，这就是"秋老虎"）；

市价 – 90 日均线 > 20bp，情绪悲观（出现在"夏天"或"秋天"中的调整，市场显得比较悲观，怀疑牛市已经结束）；

市价 – 90 日均线 > 59bp，情绪恐慌（"冬天"熊市刚刚转向时的踩踏，或者熊市最后的恐慌。）

除了前述两种市场情绪的评估方法外，债券市场还有一个更加微观的日内情绪观察视角：

（1）如果盘中价格围绕前日收盘价中心位置大幅度波动，而且成交量明显放大，就说明多空分歧加大，转折点或正在临近；

（2）如果盘中价格波动幅度很窄（在 2bp 内），而且成交量较小，市场明显不活跃，就说明市场观望情绪较浓，未来方向不明朗；

（3）如果盘中主要朝一个方向运行，单方向一步一个台阶地上行或下行，且成交量很大，就说明多方或空方占据明显优势，未来可能延续优势一方的运行方向；

（4）如果盘中多数时间朝一个方向运行，但是临近尾盘时突然掉头，就说明反抗力量突然开始组织反攻，未来方向恐要掉头。

价值 = 价格 - 情绪

我有一条债券投资心得：短期看逻辑，中期看资金，长期看政策，核心看利差。债券投资首要的就是套利，即获取票面收益，其次才是获得资本利得。所以，利差是核心。不过，这个利差是静态的，并没有考虑到市场情绪，还需要排除掉情绪，才能反映出更加真实的债券价值。如果没有情绪的影响，简单的套利利差就很接近于静态的价值，就像银行的贷款业务一样，其价值是贷款利率与存款利率之差。但毕竟债券是在市场中流动的，有真实的二级市场成交价格，天然地包含市场情绪。尤其是长端的债券，波动率更大，包含的市场情绪更多。

我们可以把 10Y-3M 国债利差作为包含了市场情绪的债券价格，用 10Y 国开债与 10Y 国债利差作为市场情绪的指标。那么，债券价值 = 债券价格 - 市场情绪。当然，这只是一个定性的公式，因为两者的权重很难准确地被量化出来。虽然在一些教科书上有专门计算债券价值的理论公式，但在相互博弈的二级市场中，夹杂了太多人性的东西。所以，我们先定性地去探究债券的价值。

举一个例子：2020 年 4 月，当时的收益率曲线非常陡峭，10Y-3M 国债利差大于 100bp，套利空间很大。而且，当时的市场预期都认为短端收益率绝不会上去，因为全球新冠肺炎疫情还在肆虐。以此推论，未来的债市方向就只有一种可能，那就是长端收益率还会继续下行。但是，行情的真实发展却是，中国率先控制住了疫情，中国央行也率先推出宽松刺激政策。中国央行在 2020 年 5 月便开始回归采用正常的货币政策，短端收益率被抬升，套利空间被压缩，最终长端收益率上行，进入熊市。

回过头来，再用"价值 = 价格 – 情绪"来审视这个牛熊拐点。2020 年 4 月，10Y-3M 国债利差高达 140bp，套利空间巨大，说明债券本身的静态价值很高，但这是包含了市场情绪的价值，如果把动态的情绪考虑进去，其真实的价值可能就会大打折扣。

这里我们先对情绪指标 10Y 国开债与 10Y 国债利差做一个设定：由于该指标 2006 ～ 2021 年的历史均值约为 55bp，在 55bp 之上，我们设定市场情绪为负值，越远离 55bp 恐慌情绪越大；在 55bp 之下，我们设定市场情绪为正值，越远离 55bp 贪婪情绪越大。

2020 年 4 月，10Y 国开债与 10Y 国债利差只有 27bp，这表明市场情绪极度疯狂，市场情绪值也较大。如果完全不考虑市场情绪，当时长端债券的投资价值是很大的，因为价值 = 价格（套利利差）。但是，考虑疯狂的情绪，长端债券的投资价值就大大缩水了，因为疯狂的市场情绪是减分项，而且越疯狂，减分越多，价值越小。所以，当时的债券价值并没有像巨大的利差那样有吸引力，它已经因为疯狂的情绪大打折扣了。

再举一个例子：2016 年牛熊交替之际，对 10 年国债收益率，有的分析师预测为 2.5%，有的预测为 2%，更有甚者直接预测了 0 利率，誓与日本、北欧相"媲美"。我们还是拿"价值＝价格 − 情绪"来复盘。当时的套利信号 10Y-3M 国债利差仅约 60bp，本身静态的价值很低。当时的情绪信号 10Y 国开债与 10Y 国债利差持续低于 35bp，即套利的空间很小，市场情绪还很疯狂。很小的债券套利空间，再加上疯狂的市场情绪，长债真正的投资价值太低了，比 2020 年 4 月的还要低。

我们再来看一个相反的例子。2018 年 1 月，在那波大熊市最后的恐慌时刻，套利信号 10Y-3M 国债利差仅有 59bp，基本属于无利可套的状态。静态地看，当时的长债是没有投资价值的。但是，情绪信号 10Y 国开债与 10Y 国债利差达到了 115bp，可以说市场已处于极度恐惧的状态，情绪取负值。虽然静态来看曲线是平坦的，无利可套，但是，市场过度悲观的情绪反而赋予了债券更多长远的价值。

技术信号

10 年国开债收益率或 10 年国债收益率下行至 90 日均线下方，牛市确认，战略做多。

技术信号：90 日均线

股市中的技术分析方法众多，而债市中的技术分析运用很少。随着近几年中国债市参与者越来越丰富，交易的活跃度也越来越强，很多投资者已经不再满足于买入持有、只吃票息来获得利息收入，越来越多的人希望从价格的波动中获取资本利得。既然要博取价差收入，我们就可以引入一些技术分析方法作为辅助，来对债券市场的波动做出一定的指引。

在我的投资体系的八大信号中，技术信号主要就是均线。当然，还有更为复杂一些的"区块链"技术分析方法，这将在我的另一本书《交易》[○]中进行详述。在四个季节中，我们先简单以均线为依据，从技术层面对债市的季节变化做一个直观的分析。

我们可以用 10 年国债收益率数据做出不同期限的均线图，时间周期越长的均线，对中长期方向的判断性越强，但也越滞后；时间周期越短的均线，对中长期方向的判断性越弱，但也越前置。在众多均线中，90 日均线对中长期债市的方向具有较强的参考性。具体来看，债券收益率向下穿越 90 日均线，代表下行趋势确立；债券收益率向上穿越 90 日均线，代表上行趋势确立（见图 3-10）。虽然该信号属于滞后信号，但仍是右侧的趋势确认信号。当然，我们也可以根据自己对市场趋势的理解，自行选择不同时间周期的均线，例如 60 日均线是一个更加前置且很有参考性的均线。

○ 《交易：债券交易技术分析》，由机械工业出版社出版。

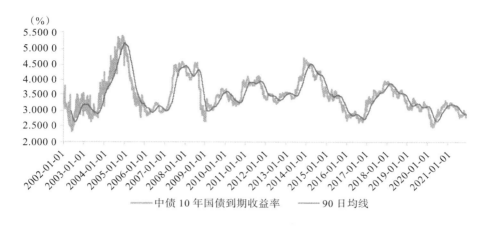

图 3-10　10 年国债收益率与 90 日均线

　　在实战运用中，均线更适用于大的趋势性行情，对于震荡整理的横盘行情则无施展空间，容易左右打脸。当债券收益率下行或上行穿越 90 日均线，距收益高点或低点已有一段距离时，如果我们只是依据该指标来操作，在掐头去尾后，就会少赚很多空间。也就是说，我们不能买在收益率的高点，也不能卖在收益率的低点。表面上看，这失去了很多获利的空间，但实际上，这正吃到了右侧趋势交易策略中"肉（收益）大、刺（风险）少"的鱼肚子。虽然头、尾都没吃到，但这样能够管住我们的手，防止在趋势性大行情中提前下车而踏空，或者提前抄底而被套。很多时候，当市场趋势性行情还没有结束时，我们就会因"涨了，有恐慌"的人性弱点卖出下车；而当市场趋势性熊市还未结束时，我们又会因"跌了，有希望"的人性弱点买入抄底。如果我们以 90 日均线为参照，就会在很大程度上规避这些情况的发生。不过在趋势性行情中，也会出现因调整过度而穿越 90 日均线的情况，但只要严格执行上穿卖出、下穿买入，就会有效地避免牛市中途下车、熊市中途抄底的情况。

对于债券收益率 90 日均线，具体实战运用有：

（1）右侧多空线：均线之下做多，均线之上做空。

90 日均线之下，做多；90 日均线之上，做空。

90 日均线就像一条掐头去尾的鱼。鱼头鱼尾肉少或刺多，要吃就吃鱼肚子上刺少的大肉。这只是一个定性的道理，并没有被量化出来。其实，我们可以拿 90 日均线作为标尺，收益率从顶部回落，至下破 90 日均线，这是鱼头；收益率底部上行，至上破 90 均线，这是鱼尾。

（2）情绪量化线：价格偏离均线越远，情绪越极端。

市价－90 日均线＜－45bp，情绪疯狂；市价－90 日均线＜－25bp，情绪过热；市价－90 日均线＞59bp，情绪恐慌；市价－90 日均线＞20bp，情绪悲观。

该指标正是前文的战术情绪信号。

（3）季节分割线：均线分割季节变化。

历史数据表明，90 日均线可以作为债市"春夏秋冬"四个季节的分割线。如果把情绪指标比作市场的天气，那么，90 日均线就是市场的雨雪。

90 日均线确实有些滞后，但也是很明显的趋势分割线。就像四季的划分，立春时依然还要下雪，立夏时依然略有凉意，立秋时依然会有"秋老虎"，立冬时依然还未下雪。

收益率第一次有效下破 90 日均线，代表春暖花开，开始下春雨了，"春天"来了；收益率第一次有效上破 90 日均线，代表开始下霜了，"秋天"来了；而收益率第二次或第三次有效上破 90 日均线，代表下雪了，"冬天"来了。

"春天"的起点：10 年国开债与 10 年国债利差 > 90bp（两者之差大于 90bp，且开始第一次企稳回落，历史概率 70%，2004 年失效）。

"夏天"的起点：收益率从一轮熊市最高位回落并有效下穿 90 日均线（历史概率 100%）；终点：市价 − 90 日均线 < −45bp；若 10 年国开债与 10 年国债利差 < 35bp，"夏天"结束的概率会加大；若债券收益率首次有效上穿 90 日均线（收益率从一轮牛市最低位上行并有效上穿 90 日均线，历史概率为 80%，2015 年失效），"夏天"结束的概率会更大。

"秋天"的起点：收益率从一轮牛市最低位首次上行并有效上穿 90 日均线（历史概率 80%）；终点：第二次或第三次有效上穿 90 日均线（"秋天"收益率有效上穿 90 日均线再下穿一般只有一次）；若 10 年国开债与 10 年国债利差 < 35bp，"秋天"结束的概率会加大。

"冬天"的起点：第二次或第三次有效上穿 90 日均线（"秋天"收益率有效上穿 90 日均线再下穿一般只有一次，最多两次）；终点：10 年国开债与 10 年国债利差 > 90bp（"春天"的起点）。

其实，我们还可以参照《海龟交易法则》中的理念，用最简单可行的均线进行操作：收益率在 90 日均线之下，只买不卖；收益率在 90 日均线之上，只卖不买。

如果我们无脑地、无情地按照这种方法进行买卖操作，虽然会因"夏天"中的假"秋天"、"秋天"中的假"冬天"、"冬天"中的假"春天"，而在收益率的大幅震荡中被左右打脸，但是只要真的严格执行，一上破就卖出，一下破就买入，是不会有太多亏损的，因为无论是先上后下，还是先下后上，一上一下的点位几乎是平行的，结果就是几乎平进平出。虽然只看这一点似乎没有什么意义和价值，但是参考均线操作可以有效地抑制人性弱点——涨了，有恐慌，不敢去追或提前下车；跌了，有希望，不忍止损或提前抄底。这个简单易行的技术信号，就像用 90 日均线画了一条跑道，可以强迫你放弃中小波段，去做大趋势。

外部信号

美元强，债券强；美元弱，债券弱。

外部信号是同步于市场的指标。

汇率贬值是机会，维稳汇率是风险。

美元强，债券强；美元弱，债券弱

我们将美元指数与我国 10 年国债收益率放在一起可以清晰地看到，两者呈现出很强的负相关关系，即：美元强，债券强；

美元弱，债券弱（见图 3-11）。为什么会出现这样的相关性？其逻辑是：美元强，全球经济差，全球资金避险，资金回流美国，美债收益率下行，我国债市跟随走强；美元强，人民币贬值，资金外流，央行放水补充资金缺口，我国债市走强。美元弱，全球经济好，全球资金风险偏好抬升，资金流出美国，美债收益率上行，我国债市跟随走弱；美元弱，人民币升值，资本流入，央行收缩货币，回收多余流动性，我国债市走弱。

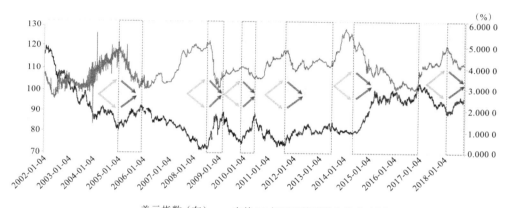

—美元指数（左）　—中债 10 年国开债到期收益率（右）

图 3-11　美元指数与中国债券走势

从人民币汇率的角度来看，汇率贬值是机会，维稳汇率是风险。当人民币快速贬值时，债券收益率就会趋势性下行；但是，当央行开始有意控制人民币贬值速度时，债市就开始大幅调整（见图 3-12）。

如何理解这个规律？当人民币贬值时，我国债市走强；当人民币升值时，我国债市走弱。这是一个几乎同步的、大的趋势信号。当人民币的大趋势是贬值时，债市进入牛市，细化来看，在这个大的贬值趋势中，有明显的阶段性波动：贬一下，稳一下，再贬，再稳。也就是说，贬值的趋势或许是政策无法扭转和改变的，因为汇率的波动根本还是与一个国家的基本面及大的货币政策相关。但是短期的汇率政策可以阶段性地控制贬值的节奏和速度，以免形成无法控制的一致性预期，出现类似于 1997 年亚洲金融危机的情况。

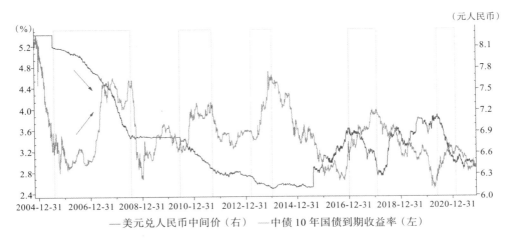

图 3-12　人民币汇率与国债收益率

　　人民币贬值往往与基本面走弱、货币政策放松相关。当基本面走弱时，央行必然要放松货币政策，与此同时人民币贬值。这有两个好处，一是我国利率降低刺激需求，二是人民币贬值刺激出口。即使贬值是政策想看到的，但是，当贬值速度过快时，政策为避免不可控的一致性贬值预期形成，仍会出手稳定汇率，哪怕稳定一段时候后再贬值，也要先稳下来。而稳定汇率的一个重要手段就是收紧资金面，扩大中美两国国债利差。无论是在岸（收紧银行间市场资金面）还是离岸（2018 年 11 月央行在香港发行人民币央票，收紧离岸市场人民币），至少要阶段性地收紧。贬值预期有多强，央行的收紧力度就可能有多强，这样就会连带着债市出现调整。如果央行持续性收紧，债市就会持续性调整，中美利差就会持续扩大，抑或维持较大利差；如果央行阶段性收紧，债市就会阶段性调整。

当然，政策在维稳汇率时，更多是顺势而为，往往会在美元走势平稳或走弱时操作，不会在美元强势上涨时逆势而为，所以结果往往是美元走弱时人民币升值。

四季最佳策略

债市四季策略

债市四季分明，收益率高位横盘是"春天"，趋势下行是"夏天"，底部横盘是"秋天"，趋势上行是"冬天"（见图 3-13）。

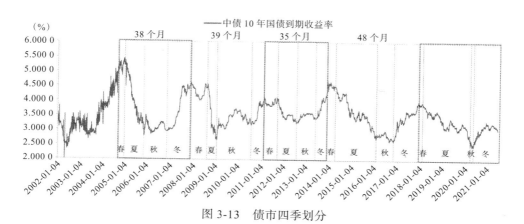

图 3-13 债市四季划分

春耕、夏耘、秋收、冬藏，每个季节都对应我们最需要做的事情，投资也是如此。

春天，耕种的季节，需要我们劳作耕种，但也会遇到倒春寒，需要我们补苗插秧。在投资上，就是去试盘性建仓。当"春天"的信号出现时，我们先要拿出小量仓位，试探市场的多空力量。如果对了，就在盈利的仓位上加仓；如果错了，就及时止损出局。因为很多时候，市场的多变和人性的无常会迷惑我们，把"暖冬"当作"春天"，被骗上车。所以，为了防止"假春天"，即使出现了个别"春天"的信号，也不能重仓，一定要先小量试盘，对了再加仓、重仓，尤其是在趋势尚不明朗的左侧。"春天"的最佳策略就是试盘建仓。

夏天，生长的季节，需要我们浇水锄草，而不是拔苗助长。在投资上，我们往往会犯人性弱点错误，市场一有变化，就以为是"秋天"来了，就想落袋为安；或者以为自己可以战胜市场，想赚取每次波动的利润，结果常常被震下车，在踏空中后悔不及。在夏天中，我们要"锄草"：把短久期债券调仓为长久期债券，不提前下车。"夏天"的最佳策略就是久期为王，把久期拉到最长，需要注意的是不要下车。

秋天，收获的季节，也是最难操作的季节。债市最大的陷阱不是"黑天鹅"，而是横盘震荡，"秋天"就是充满震荡的季节。为什么"秋天"最坑、最难操作？因为它时而骄阳似火，让人以为牛市归来，时而冷若冰霜，让人以为熊市到来。结果就是你刚全力做多，市场就下跌调整，被打脸；你刚卖出做空，市场就上涨，被打脸。当然，"秋天"也有好处，就是可以防止你在"夏天"提前下车，很多人希望在趋势行情中卖出最好的价格而获利了结，但其实债市的"秋天"很长，即使错过了最好的价格，也有足够多的时间让你慢慢收割出货。所以，"秋天"有足够的时间和机会让你卖出，会给你足够的安全垫，我们完全没有必要在"夏天"中诚惶诚恐，让"涨了，有恐慌"的人性弱点左右我们。债市"秋天"形成的根本原因是，在基本面企稳后，央行货币政策进入观察期。因为政策进入了观察期，所以市场的水位就会基本保持不变，当资金面没有太大的边际变化时，整个债市就处于大水中的存量博弈，市场横盘也就在情理之中。那么，"秋天"又长又难，最佳策略到底是什么呢？票息为王！"秋天"行情整体横盘，天然地屏蔽了利率波动的风险，没有趋势性行情，我们就必须把吃票息作为赚钱的根本。而要想赚取不错的票息收入，有两种方式：一是下沉信用，二是拉长久期。因为每个人的风险偏好不一样，所以，可根据自己的偏好水平，在信用风险可控的情况下，适当下沉信用水平。在久期相同的情况下，AAA 信用债好于利率债，AA+ 信用债好于 AAA 信用债。另外，既然是以获取票息为出发点，那么久期就不能太短。很多人认为"秋天"之后是"冬天"，要提前进入防御状态，将久期提前降到"冬天"的水平。其实完全没有必要，因为过早地防御，会让我们在漫长的"秋天"中失去太多机会，除非投资框架体系告诉我们"深秋已至"或"冬天来临"，否则没有必要提前防御。"秋天"里的整体久期保持在 4 年左右，并采取哑铃型策略较好。因为这既能够获得不错的票息收入，又能够防止"假秋天"的出现，还能在"冬天"来临时及时调仓。

冬天，收藏的季节，万籁俱静，休养生息是冬天的主题。投资亦是如此，学会空仓、懂得休息、以静制动是"冬天"里必备的技能。债市进入熊市最直接的原因就是缺钱。资金面越来越紧，资金成本越来越高，债券资产的静态收益无法覆盖融资成本，倒逼市场去杠杆；二级市场供给量增大，而需求量则因资金的不断流出而减少，两边夹击，自然价格下跌。有人问跌去的债券市值去哪儿了？从债市大水池中流出去的水，即央行收紧货币政策回收的流动性中的一部分。在熊市里，由于央行回收流动性，全社会钱最稀缺，钱最值钱。谁有充足的流动性，谁就能在这个市场中生存下去，而且活得很好。在这个季节的大类资产中，货币基金或类货币产品的收益率是最好的，虽然不会太高，但至少不会为负。"冬天"的最佳策略就是现金为王，把债券产品做成货币产品，就是最好的策略，而且要注意，管住手，不被市场的震荡骗上车。

总之，"春天"试盘为王，"夏天"久期为王，"秋天"票息为王，"冬天"货币为王（见图3-14）。

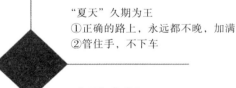

"春天"试盘为王
①试盘买入，不重仓
②在盈利仓位上加仓

"夏天"久期为王
①正确的路上，永远都不晚，加满
②管住手，不下车

"秋天"票息为王
①安心吃票息
②择机做波段

"冬天"货币为王
①正确的路上，永远都不晚，清仓
②管住手，不上车

图 3-14　债市四季最佳策略

"夏天""秋天"都要拿长债

股市中有句话：横盘时等待，突破后操作。这句话没有问题，但在债市中，横盘时等待，到底是空仓等待，还是持券等待？是持短期债券，还是持长期债券？这要看是哪个季节，如果是横盘的"秋天"，就需要持有中长期债券。从大的方向上看，"秋天"也是牛市中的一部分，一是"秋天"里有"秋老虎"，二是"秋天"可能是"假秋天"，原有的趋势性行情还有可能再度归来。同样，"春天"也是熊市的一部分，一是"春天"有"倒春寒"，二是"春天"可能是"假春天"，原有的熊市行情还有可能再度归来。所以，"秋天"依然以中长债为主，"春天"依然以中短债为主。

当市场进入"秋天"的横盘状态时，因为已经经历了骄阳似火的"夏天"牛市行情，"涨了，有恐慌"的人性弱点会让多数人"高处不胜寒"，开始担心拐点出现，于是就在"秋天"横盘时获利了结，将底仓中的长债抛掉，换成中短债，提前进入"冬季"防御状态；或者底仓配中短债，拿十年利率债做波段。但是，波段不是天天有，我们也不是每次都能抓住。所以，基本的收益还是源于底仓的收益。如果在横盘震荡行情中我们选择的是短久期债券，那么基本可以忽略利率波动的风险，也就是没有资本利得或亏损，整体组合的收益就是票面收益，但这个收益太低了，多数可能会与成本倒挂。相反，如果我们直接拿中长久期债券做底仓，票面收益就会比短久期债券高出很多，但这样会加大利率波动的风险，很可能会出现浮亏。但是，既然是横盘震荡行情，那么即使短期内在资本利得上小赚或小赔，只要把时间拉长一些，比如半年或一年，浮盈或浮亏就可以忽略，因为横盘的市场天然地为我们屏蔽了大部分利率风险。即使利率上去了，也会下来，怕什么！中间的波段能抓住最好，抓不住也不可惜，至少我们赚到了相对不错的中长久期的票息收入。所以，如果在横盘的市场中，不期待拿资本利得，或者不能完全抓住波段机会，那么，只拿中长期债券的票息收入也是合适的。如果你害怕利率波动，只敢拿短久期债券，那就吃不到期限利差的收益。

短久期债券自身就屏蔽了利率风险，跟市场关系不大；长久期债券自身屏蔽不了利率风险，但横盘的市场可以为其屏蔽。在相对较长的时间段内，横盘震荡的"秋天"行情天然地屏蔽了利率波动的风险。那么，在利率风险几乎相同的情况下，为何不持有长债呢！面对几乎同样的利率风险，长债可以拿到更高的票息收入。长短债之间只是规避利率风险的介质不同罢了，短债靠自身，长债靠市场。

所以，短久期底仓策略其实只适用于趋势性熊市，对于趋势性牛市或者横盘震荡的"秋天"牛皮市，都应该以中长债为主来打底仓，不要过早地防御。当然，具体的组合策略还需要参考后文关于子弹型策略和哑铃型策略的分析。除此之外，如何判断真正的熊市呢？一是可以用我在《交易》中所述的"区块链"交易原则，在市场趋势的右侧判断拐点；二是可以用本书八大信号中的信号出现的多寡来做一定的预判。如果左侧的信号及右侧的技术趋势均有风险提示，那就不要恋战，该撤就撤；但只要市场行情还没有触及投资体系中的监控信号或者技术原则，就代表熊市远未到来，无须庸人自扰。在投资策略上，无论是在趋势性牛市还是在横盘震荡的"秋天"牛皮市，都应该安心地持有中长期债券，即使你的盘子有上百亿甚至更多，也没有必要在危险信号出来之前自己吓唬自己，犯"涨了，有恐慌"的人性错误。

举个简单的例子，我们以 2018 年 11 月末的市场价格为基准点，取当时的债券实际收益率进行测算。假设当时的趋势性牛市已经结束，市场进入了横盘震荡行情。那么，在未来一年中，持有短债 120224 的到期收益率为 2.7%，而持有长债 170215（久期为 7.13 年）的收益率是 4.035%，高出短债 133.5bp。如果长债收益率下行，就会有比票面利率更高的收益率；而如果长债收益率上行，那么上行多少才能抹平高出的 133.5bp，最终与短久期策略收益率持平呢？答案是 133.5÷（7.13−1）＝21.8bp。也就是说，只要长债 170215 的收益率上行不超过 21.8bp，横盘一年，我们持有长债就是有利可图的。

当然，这里要特别注意对季节信号的监控，定期为市场季节定位，这样我们才能够有底气、有胆量在横盘时继续重仓持有中长期债券。既然是横盘，那就说明市场已经帮我们把利率风险给屏蔽了，我们所获得的就只有票面收益。既然都是票面收益，那为什么不买中长期债券呢！不但静态收益高，而且还能防止"假秋天"的出现。

我们得出以下结论：

（1）因为"秋天"很漫长，所以我们不能太早踩刹车，不能太早采用短久期的防御策略，这会让我们失去太多期限利差收益，机会成本太高。

（2）经过测算，在漫长的"秋天"中，持有 2～5 年的票面收益高的信用债，要比持有 7 ~ 10 年的利率债更赚钱。所以，在"秋天"我们必须想方设法去赚票息的钱，在投资范围内，在信用风险可控的情况下，尽量选择票息高、到期收益率高的债券，久期在 3 ~ 4 年最佳。具体来说就是，信用债优于利率债，低评级优于高评级，老券优于新券。

（3）"秋天"虽然是横盘震荡的季节，但市场的学习效应决定了超过 20bp 的大级别震荡并不多，一般只有 1 ~ 2 次，很少超过 3 次。所以，在不多的机会中，不要麻木，在 10 ~ 19 个月（历史数据的时间跨度）漫长的"秋天"行情中，一旦有 20bp 以上的调整，我们就一定要兴奋起来，这绝对是"秋天"里唯一或唯二赚利率波段的机会。

秋天很长，票息为王；波段机会，难能可贵。

2019 年债市赚谁的钱[○]

2018 年 1 月之后，债市经历了牛市行情，十年国债收益率从最高点 3.99% 最低下行至 3.07%；十年国开债收益率从最高点 5.13% 下行至 3.47%。两者距离 2016 年收益率最低位置，即上一轮牛市的最低点位，分别仅剩 43bp 和 46bp。即使这次债市能够下行至上一轮的最低点，所剩空间也已不大，属于牛尾行情。纵观国内债市的轮回，有这样一个规律：牛一年、平一年、熊一年。或许 2019 年就是债市"平"的那一年，宽幅横盘震荡或是 2019 年债市的主题。因为以 PPI 为代表的宏观经济数据尚未探底，以

○ 本文 2019 年 2 月发表于《中国基金报》，有改动。

降准为代表的宏观宽松政策尚在路上。

2019 年，无论债市是继续走牛，还是横盘震荡，都有一个基本一致的观点，那就是债券熊市远未到来。那么，对于已经经历大半程牛市的投资者来说，站在已经处于历史底部区域的收益率点位上，该如何选择投资策略？信用、杠杆、久期，我们到底该赚谁的钱？

（1）赚信用的钱。在信用违约依然频发之时，简单通过下沉信用评级去赚信用利差的钱，并不是一个好策略。当然有人说，随着宽信用的推进，低信用等级的资质也会明显改善，故可选择下沉信用评级的策略来获取超额收益。可是，我们赖以评估信用水平的基础会计报表都可能有瑕疵，下沉信用无异于刀尖舐血，不是一般稳健投资者应该选择的策略。

（2）赚杠杆的钱。在宽信用依然努力疏通、宽货币依然在路上的情况下，2019 年，通过适当加杠杆的方式赚取杠杆的钱不失为一个好策略，因为资金面的宽松为市场提供了稳定的低成本资金，期限利差自然就给了市场套利空间。

（3）赚久期的钱。2019 年债市是个牛尾行情可能已是市场的共识，在这个震荡加剧的行情下，有很多投资者认为，应该提前采取防御策略，缩短久期，以防止市场大幅波动带来利率风险。但实际上，既然对 2019 年大势的判断是横盘震荡，甚至收益率可能继续向下，那么继续持有中长久期债券是更为适合的，因为市场的横盘天然地屏蔽了利率波动的风险。即使短期内收益率上行，使得投资组合出现一定的回撤，也只是暂时的，其后的下行还是会将浮亏抹平。

如果将以上三种赚钱方式运用到 2019 年的实际操作中，将产生三种不同的投资策略：

（1）保守型策略：短久期＋加少量杠杆。如果判断 2019 年债券牛市即将结束，那就提前防御，采取短久期策略，具体久期在 1 年以内，利用债券自身来屏蔽利率风险，最多加少量杠杆，增厚一点收益。

（2）稳健型策略：中短久期＋加杠杆。如果判断 2019 年债市横盘震荡，熊市还未到来，那就采取中短久期策略，具体久期为 1～3 年，加适量杠杆，以增厚收益。

（3）进攻型策略：中长久期。如果判断 2019 年债券牛市将延续，或者横盘震荡，那就采取中长久期策略，具体久期为 3～5 年。区别于短久期策略利用债券自身屏蔽利率风险，该策略利用市场来屏蔽利率风险。

本人更推荐进攻型策略。第一，2019 年前三季度的债市进入熊市是小概率事件，不是牛市继续，就是横盘震荡。第二，市场的横盘天然屏蔽了大部分利率风险，在利率风险较小的前提下，为什么不持有中长久期债券呢？如果提前采取保守型策略，配置短久期债券，那组合收益就会很低，基本与货币基金收益相同，这将失去中长久期债券带来更高收益的机会。第三，既然进攻型策略已经加久期了，就没有必要加杠杆，其实在债券投资中，加久期就是加杠杆。相信很多投资者在 2019 年牛尾行情中的策略都是短久期、加杠杆。短久期是防守，用债券自身来屏蔽利率风险；

加杠杆则是用借短配长的错配方式套利，表面上攻防兼备，实为掩耳盗铃。2016 年太多银行委外、资管产品都爆仓于该策略，本以为短久期能扛住利率风险，但加杠杆为产品增加了更大的流动性风险，不如直接加久期。第四，既然判断 2019 年债市下行的空间有限，上行空间也不大，那么买入时点最好选择在收益率上行后，又开始掉头小幅下行之时，而不是下行中的疯狂时点。

当然，利用市场来屏蔽利率风险，进而选择进攻型策略的前提是，一定要在债市走熊之前撤退。说起来容易做起来难，这需要我们建立熊市的预警信号，否则就做不到在熊市到来前撤退，更不敢在牛尾行情中保持中长久期。在我的投资体系中，有八大市场预警信号，试举一例以供参考：宏观信号 PPI。历史数据表明，当 PPI 由趋势性下跌转为反弹或企稳后，在 6 ～ 16 个月，平均 10.6 个月之后，央行货币政策将转紧，债券市场将转熊，也就是说，PPI 这个信号会给你足够的时间来判断熊市的到来。而当下 PPI 尚在下行之中，即使见底了，债券熊市也至少要在半年之后才可能到来。

总之，2019 年债市的横盘或下行将天然屏蔽利率风险，继续持有中长久期债券将是最佳策略，但需要时刻关注熊市拐点信号的出现。

"秋天"的错误策略思维

"秋天"的策略：票息（加久期）为王，波段交易。

错误思维一："秋天"要提前缩短久期进入防御策略

中期（2～4年）信用债打底仓，中长期（5～10年）利率债做波段。

从债市的历史数据来看，横盘震荡的"秋天"行情一般很长，历史区间是10～20个月，平均14.4个月。过去我有个错误的策略观点，就是在牛市结束后，马上采取短久期的防御型策略，以预防在"冬天"熊市到来时，长久期债券卖不掉，导致亏损巨大、深套其中。但实际上，如果提前采取短久期策略，在跨度很长的"秋天"震荡行情里，产品收益就会很低。因为本来在经过一轮趋势性牛市之后，收益率就在底部爬着震荡。像2016年AAA国企短融（CP）收益率只有2.7%，AA民企CP收益率只有3.5%，如果你持有这样的品种，排名一定是垫底的。也许你会说，2016年四季度债市的转熊不是可以把排名捞回来吗？但是，或许你没等到2016年四季度，就已经因为产品收益太低而被客户赎回了，你连证明自己的机会都没有。况且，2015年整个上半年债市都在大幅横盘震荡，如果你判断"秋天"来了，并开始缩短久期提前防御，只拿1年以内的债券，不但票息收益低，而且还大概率踏空下半年再度开启的趋势性行情。除非你能及时再上车，但"涨了，有恐慌"的人性弱点，会让大多数下车者踏空。另外，2019年债市横盘一整年，年初时很多信号表明债市进入了横盘的"秋天"行情。如果你当年把组合久期降得很短，不但会失去中长久期债券的票息收入，还可能会踏空大部分2020年再度开启的趋势性行情。由此可见，在不同季节采取正确的投资策略是多么重要，这不会让我们抓住每一次市场波动的机会，但也不会让我们犯战略性的错误。

正确思维是："秋天"的底仓也要保持中长久期。

在"秋天"里不能采取防御型策略，而应该继续采取进攻型策略，这里的进攻型策略并不是"夏天"赚久期钱的策略，而是赚票息的策略。要么下沉信用评级，要么拉长久期。在信用风险可控以及考虑到产品流动性特点的情况下，可以考虑通过下沉信用的方式来提高票息收入，但是如果评级太低，又会影响到流动性。所以，评级低的信用债，久期一定要短，评级越低，久期越短。例如 AA+ 级不超过 3 年，AAA 级不超过 5 年。另外一个提高票息收入的方式就是拉长久期。因为同一信用水平的债券，久期越长，票息收益越高。所以，在选择流动性较好的债券时，在短久期和中长久期之间，选择中长久期，但也不要超过 5 年。

为什么低评级的是 3 年，高等级的是 5 年呢？因为"秋天"有 1 年多的时间，如果我们持有 3 ~ 5 年期的债券，在"冬天"来临之前，其剩余期限就差不多是 1 ~ 3 年，这样一是有骑乘效应，再一个就是剩余 1 ~ 3 年的流动性更好，在"冬天"来临之前更好变卖。虽然不能像"夏天"时一样把组合久期拉到 5 年以上，但"秋天"里组合久期也应该保持在 4 年左右，至少在两三个季度之后，再考虑逐渐调整组合结构，用哑铃型策略替代子弹型策略。

错误思维二："秋天"大进大出做波段

债券投资还是以票息收入为本源，以资本利得为辅助，不能本末倒置，一味地去追求资本利得。在"春夏秋冬"四个季节中，其实只有"秋天"可以将波段交易以增厚收益为理由纳入大的策略，在其他季节里，都无须波段交易。但是人性弱点往往会让人无法抑制内心的冲动，在市场中进进出出，不亦乐乎。只有在回头看时，你才会发现，真正赚大钱的反而是那些做长线不动的人，他们只是在对的季节采取了对的策略。

"春天"试盘为王，目的是检测牛市是否到来，如果确定，拉长久期只买不卖，无须波段交易；"夏天"久期为王，只上车不下车，抓稳扶好是最好的策略，更无须波段交易；"冬天"货币为王，只下车不上车，只玩货币不玩长债，管住手不下车是最好的策略，更不能火中取栗玩波段。只有"秋天"的宽幅横盘震荡，才需要以中长久期债券吃票息为基础，拿出部分仓位去做波段交易来增厚产品的收益，给产品锦上添花。

另外，在"秋天"里，大区间波动其实并不频繁，真正能做波段的机会一般有两次。之前我认为在"秋天"要频繁做波段，以赚取超额收益，但实际上，"秋老虎"会有，但并不频繁，能真正做大波段赚钱的机会并不多。因为市场的学习效应总会在不超过第三次时结束震荡的行情，要么转入"冬天"，要么证伪"秋天"，"夏天"归来，牛市继续。这也体现了投资中"事不过三"的规律，第一次市场走出来了，第二次大家就开始模仿，第三次一定会突破。所以，在"秋天"中，波段机会其实不多，要好好珍惜，能抓住更好，抓不住也不可惜，毕竟还有中长久期的底仓在赚钱。

总之，"秋天"的正确动作是：票息（加久期）为王，波段交易。

"冬天"货币操盘策略：1 个月以上＋隔夜

在债市的"春夏秋冬"四个季节里，"冬天"的最佳策略就是把债券基金做成货币基金。那么，在"冬天"的熊市里，如何在货币基金策略上玩出花儿来呢？

货币基金、短债基金天然地限制了组合的整体久期，虽然只是放钱，但在有限的久期内，要想做出差异化，也需要我们精耕细作、踏浪而行。2015 年，我在管理货币基金时，总结了一个操作策略：资金松时放短钱，资金紧时放长钱；收益底部缩久期，收益顶部加久期。虽说道理一看就懂，但很多时候，在执行时，往往还是会在资金面宽松、利率很低时，忍不住去配置长久期资产，以利率风险来换取更高的期限利差，以图获得更高的组合收益。如果是在一个利率趋势性下行的"夏天"牛市行情中，更多的是需要我们鼓足勇气去追，但在"冬天"熊市趋势没有改变之前，还是不能被短期的宽松迷惑。

既然是货币基金策略，那就必须更加细致地了解银行间资金面。每个月资金面的松紧都有如下波动规律：

（1）低潮期，10 ～ 15 日，资金面最宽松，利率最低。

（2）酝酿期，16 ～ 20 日，资金面开始慢慢紧张，利率开始上升，因为这是缴税期。

（3）高潮期，21 ～ 25 日，资金面最紧，利率最高，因为市场要提前为跨月做准备。

（4）松动期，26 ～ 30 日，资金面紧张状况有所缓解，利率开始有所松动，并小幅回落。

（5）回落期，1～10日，资金面开始全面宽松，利率开始全面下降。

如果遇到半年或年末，酝酿期和高潮期可能要往前推5天，因为市场会预期资金面紧张，怕集中到最后不好借入，一般会提前准备。

以上只是一般的规律，并不是唯一的准绳。我们不是刻舟求剑地去照搬使用，而是可以将这个规律作为观察货币政策是否异常的一个标准。如果在20日前后，该紧的时候没紧起来，说明货币政策变暖了；如果在10日前后，资金面本应宽松的时候，却开始收紧了，说明货币政策转紧了。

一般来看，在每个月20日所处那一周的前几天，资金面就会因为缴税等原因慢慢开始小紧。你会发现突然有一天下午收盘时，资金面有点紧张了，出现先松后紧的局面，而随后两三天又会出现先松后紧或先紧后松的情况。其实，这种间歇式的紧张并不会摧毁资金需求方的意志，他们会臆想：央行会出手相救的，不用怕，挺两天就过去了。所以，资金需求方在这个时候还不会去借长资金，而是会继续滚隔夜或7天的资金，你会看到隔夜和7天的资金比较紧，而1个月的资金比较松，但需求方就是不去借那个长资金，基本不会借14天以上的，还是在用隔夜或7天的资金滚动操作。但是，这个阶段只是资金面慢慢开始紧张的酝酿期，只是前奏，在这个时候，如果我们是资金供给方，就一定要忍住，不要利率刚刚有一点小涨，就高兴地把资金都出掉了，而且出的还是 7 天或 14 天这种短期限的，完全没有达到"资金紧时放长钱"的目的。如果出 7 天或 14 天的短期资金，你可能会获得一个高一点的价格，但却没有想到，放的钱到期正好在刚跨月之后。在回购到期后，你大概率会遇到资金松下来和低利率，这时再滚着做，就会越做越低，这就是再配置的风险。所以，在酝酿期，刚刚开始紧的头一两天，如 18 日、19 日两天，要继续憋着，不放长钱，只放隔夜或 7 天的资金，等待资金面的进一步收紧，恐慌式紧张之时就是放长回购（1～3 个月）及配置长久期（6～12 个月）同业存单资产最好的时候。如果你憋不住，经不起一点点高利率的诱惑，想去放长一些的资金，那么一个是需求不大，再一个就是久期拉不长，因为还没有把资金需求方逼到狠心借长钱的分上。而到了 20 日，我们就不能再放 7 天的资金了，如果还放 7 天的资金，到期日就是 27 日、28 日了，那时的资金面反而会松下来，因为该跨的也跨了，该借的也借了，需求方借长钱的动力就会降下来。而且如果这时市场还紧张，央行往往就会为避免资金面的过大波动而出手相救。所以，到了 20 日，如果资金面暴紧，长资金需求大，利率也高，那就可以直接出 1 个月以上的资金，再结合下一个关键时点，越长越好。如果此时资金还仅是偏紧，1 个月以上的资金需求不大，价格也不太高，要放也放不了多少量，就说明资金面还没到暴紧的程度，或许已经完全紧不起来了，此时可以先试盘放一部分跨月的长钱，留一部分等 25 日可能的资金面紧张。不能把赌注都押在后面，万一真的紧不起来呢！在这个过程中，为了避免不踏空资金最紧的时刻，可采取"1 个月以上 + 隔夜"的组合策略，坚持放 1 个月以上的回购，放不出去的资金就放隔夜或 2～3 天的资金，不要为了短期的利益而失掉长期利益，因小失大。

举个我操盘货币基金表现不佳的例子：2016 年 7 月 18 日，资金面开始有点小紧，当日先松后紧；19 日也是小紧，先紧后松。这两天我做得比较好的是，只放了 7 天的资金，但是到了 20 日和 21 日，我一看资金面确实紧张了，就想出长的 1 个月资金。可是市场需求不大，交易员出不去，所以我降低要求，放了 14 天的资金，这些资金到期正好跨了下月初资金最松的时候，面临再配置的风险。如果按照前面总结的方法，采取"1 个月以上 + 隔夜"的策略，既然放不出去自己想要的期限，那就等，放隔夜去等，今天放不了，那就明天放，先放 1 个月以上的，剩下的就滚隔夜或 2 ～ 3 天的资金，放在后面放。只要资金面持续地紧张，就不怕没人要，就看谁更有耐心。

当然，这个例子只是货币基金的实盘操作，并不是在熊市中发生的，而是在横盘震荡的"秋天"中发生的。其实，可以想象，"秋天"中尚且如此，到了资金面更紧张的"冬天"，更应该把债券当成货币基金来保守地、精细化地操作。总之，在债市的"冬天"中，我们要学会货币基金的策略，不要冒进，在货币基金的操作框架下，去获取收益，而不是犯"跌了，有希望"的人性弱点错误，在熊市中火中取栗。

总结货币基金的操作策略是：

（1）取短舍长。在资金面暴松、利率很低时，要放短期资金或配置短期资产，等待资金面紧张和利率高点的到来。万不可看到长期资金利率比短期的高，就为了短期利益，在市场利率低点去放长钱。

（2）取长舍短。在资金面紧张、利率高企时，要尽量去放长期资金或配置长期资产，此时，短期资金利率往往比长期的还要高，但也要舍弃短期资金高利率的诱惑，去放长钱。

总之，资金松时，长端利率 < 短端利率，取短舍长；资金紧时，长端利率 > 短端利率，取长舍短。

流动性在第一位，于最坏处做准备

众所周知，2016 年四季度是债市牛熊转换的拐点，当年 12 月，在央行货币政策收紧后，市场血雨腥风，"萝卜章"事件、货币基金爆仓等打破流动性幻想，激进狂奔的投资者在潮水退去之后露出了原形。

当年因为在上半年已经看空债市，我一直采取保守的投资策略，所以才幸运地躲过了那次剧烈的调整。但身边一位投资经理的产品在高杠杆下几近爆仓，其教训值得我们一起反思和借鉴。他管理的产品当年出现了严重的流动性问题，约 60 亿元的债券仓位，对应的负债只有 35 亿元，杠杆比率达到了 171%，其实，这在当年还不算高的。但是他最为严重的问题是，马上将面临 20 亿元的赎回，也就是负债只剩下了 15 亿元，杠杆比率将被动升至 400%。而且，其配置的债券基本都是中低等级的信用债，流动性较差，一时还无法卖出变现，腹背受敌。在操作过程中，他主要有四方面的失误：

（1）知行不一。2016 年 10 月，他也看到了债市的风险，但只是看到了，并没有在投资操作中予以真正应对，没有降低组合的整体久期及杠杆比率，依然保持整体高位运作。

（2）抄底过早。2016 年 11 月末，债市经历了一大波调整，他以为已经具有配置价值，就大举加仓，结果那只是熊市的开始。12 月、1 月再调一波，绝大多数债券已经面临浮亏，而作为一款中短债现金类产品，都没法止损卖出，一卖就可能导致万份收益为负，且产品收益快速下行，有可能导致存量客户的进一步赎回。

（3）提前配券。他在操作时，未等产品正式成立，就提前一段时间通过代持的方式把债券配置好，他的思路是"早配置早受益"。而这样做必须有两个前提：一个是预期的产品资金一定要到位，另一个是债券收益率一定要往下走。如果产品募集的资金在中间出现纰漏，那提前拿到的债券就需要处理；如果收益率处于上行趋势之中，那提前配置的债券就会出现浮亏，而这不是几天应计利息能够弥补的。当时，在债券牛市中浸泡了近三年的投资者，已经习惯了大水漫灌和同业空转，习惯了收益率持续下行的市场环境。或许多数人就没有想过收益率持续上行这个可能。结果，因为资金面的全面收紧，说好的资金不来了，提前配置的债券也出现了浮亏。

（4）对流动性风险预估不足。对 2016 年 12 月、2017 年 3 月资金面及自身产品的赎回情况预估不足，盲目加仓。在做流动性管理时，我们应该做最坏的打算，而不是看市场平均水平，甚至更乐观地去参考最理想的情况。尤其是在季末、年末这样的关键时点，一定要做最坏的压力测试。

由这个例子，我总结出几条教训：①看到风险就要早做准备，债市的一致性非常强，当大家都看到风险时，你就没有了出逃的机会，图形一旦走坏，趋势一旦反转，就一定要迅速地调整仓位，不要犹豫纠结、心存幻想；②不过早抄底，当机会确定，或因"黑天鹅"出现的恐慌达到顶峰时，再杀入，要做右侧；③流动性在第一位，于最坏处做准备。

牛熊转换用哑铃，其他都用子弹型

"春夏秋冬"最匹配的久期是多少？"春天"3 年左右，"夏天"5 年以上，"秋天"4 年左右，"冬天"1 年以下。总结就是：春夏秋冬，三五四一。

无论是"春天""夏天"还是"秋天"，组合久期都不要低于 3 年，即除了"冬天"，或确认"冬天"要来之外，久期不能低于 3 年。

在确定好大的组合久期后，如何构建这个组合久期是有一定差异的。同样的组合久期，不一样的内部结构，最终产生的收益不尽相同。有三种构建策略：子弹型、哑铃型、阶梯型。

子弹型是指，投资组合中的债券期限高度集中于某个期限；哑铃型是指，投资组合中的债券期限集中于长、短两个极端期限；阶梯型是指，投资组合中的债券期限由短及长，均匀分布于几个关键期限。

举例说明，假设可选债券期限为 1 年到 10 年。子弹型策略集中于某个期限配置，如组合久期是 3 年，那么就集中于 3 年左右的债券进行配置；哑铃型策略将组合中的债券配置在长期和短期两个极端，如组合久期是 3 年，那么可配置 77% 的 1 年债券和 23% 的 10 年债券；阶梯型策略在组合久期的限制下，均匀分布于各种期限，如 1 年、3 年、5 年、7 年、10 年等关键期限。因为阶梯型策略最简单，这里我们重点说子弹型策略和哑铃型策略。

理论上讲，在组合久期相同的情况下，子弹型策略组合的静态收益率往往要高于哑铃型策略组合，但其凸性要明显低于后者。也就是说，虽然子弹型策略组合的静态收益高，但当利率发生变动时，哑铃型策略的弹性更大，即资本利得更高。从资本利得上看，哑铃型策略更具有进攻性。

在实战中，子弹型策略组合的静态收益率确实要比哑铃型策略组合高。拿最简单的货币基金来测算，如果组合久期是 90 天，那么直接配置 90 天左右的债券，要比 7 天回购加 1 年债券的哑铃型组合的静态收益更高。进而，如果组合久期设定为 3 年，那底仓就直接配置 3 年左右的债券，同理，组合久期设定为 5 年就配置 5 年的债券。仅从静态收益来看，不要选择哑铃型策略组合，因为子弹型策略组合静态收益更高。再来看凸性的问题，表面上看，哑铃型策略组合凸性更大，即当收益率下行时，弹性更大，资本利得更高。但在实战中，投资者往往由短往长买，先买 3 年债券，再买 5 年债券，收益率曲线会先陡峭再平坦，再陡峭再平坦，循环式下行。如果收益率曲线整体平移，那么 10 年债券一定会战胜 5 年债券，但因为波动往往有先有后，这个节奏很难把握，单纯从某一时间段上看，3 ～ 5 年债券的资本利得并不一定会输给 7 ～ 10 年债券。

另外，不同期限债券的流动性不同，一般是 1 年 +10 年利率债的哑铃型策略组合流动性最好，进退更自如，集中于 3 ～ 5 年的子弹型策略组合流动性略差。从这个角度看，哑铃型属于保守型，而子弹型属于进攻型。假设组合中是 1 年 +10 年利率债，因为 10 年利率品种的流动性最好，1 年品种的流动性也不错，一旦市场有变，10 年利率债随时可以卖出变现，剩下的仓位就是 1 年品种，组合久期立马就能降下来。而如果是子弹型策略，由于 3 ～ 5 年品种的流动性不如 10 年和 1 年的品种，实际上反而是进攻型策略，且静态收益率较高。所以，在"春天""夏天""秋天"里，都应该用子弹型策略，如果组合久期是 3 年，那就直接 3+10，即 3 年底仓加 10 年交易。5 年同理，不要用哑铃型策略。

那么，什么时候使用哑铃型策略呢？就是在牛熊转换（"秋末冬初"）或熊牛转换（"冬末春初"）之时。在"秋末冬初"，我们无法确定"冬天"的拐点到底什么时候真正到来，但又不想过早地采取"冬天"熊市的 1 年久期策略，还想获得一些票息收入，或博取一些资本利得。同时，一旦市场转熊，还能够及时将长债卖出变现，将组合久期迅速降低。在"冬末春初"之时，我们同样不能完全确定春天一定来了，也许只是"冬天"的暂时回暖，是个陷阱，就像 2017 年 6 ～ 9 月一样，所以，在底仓继续保持 1 年以内品种的情况下，可以买入 10 年利率品种，即使是"假春天"，也能及时卖出跑路。

举例说明子弹型策略和哑铃型策略的不同。

2020 年 4 月，债券收益率曲线变得异常陡峭，当时 3 ～ 5 年利率债疯涨，收益率大幅下行，即使折算完久期，下行的幅度也远远超过 10 年品种。而且 30 年利率债不下反上，收益率上行了 10bp，整个收益率曲线较之前更加陡峭，3 ～ 5 年中期品种的资本利得反而更大。如果当时采取更极端的 1 年 +30 年哑铃型策略，那就是亏钱的，3 ～ 5 年的子弹型策略才是最好的策略。

另外一个例子是 2016 年，1 ～ 10 月是"秋天"行情，10 月之后"秋天"转"冬天"，债市进入熊市。正确的操作策略是：首先确定"秋天"的组合久期是 4 年；其次确定"秋天"采用子弹型进攻策略，"秋末冬初"采取哑铃型防守策略。所以，根据投资框架体系定位市场季节，只要不是"秋末冬初"，就要采取子弹型策略，底仓就应该是 4 年左右（3 ～ 5 年）的债券。如果有之前的老券剩余期限明显低于 3 年（如 2.5 年），那么就应该全部将其卖出，调换成 4 年左右的债券。直到"秋末冬初"时，再将组合构建策略由子弹型转换为哑铃型。因为我们也不清楚熊市拐点到底会在什么时候到来，但又不想错失太多中长期债券带来的票面收益，所以，就不能太早地缩短至"冬季"久期。像 2015 年上半年的横盘或 2019 年全年的横盘，从简单的形态上看，债市已经进入了"秋天"，但之后趋势性牛市却再度开启，最后证明那是"假秋天"。我们更多的时候是回头看才知道拐点在哪里，所以不要提前进入"冬季"久期水平，要防止"假秋天"的出现。因此，即使我们预判债市进入了"秋末冬初"，也需要保持"秋天"组合久期基本不变，只是需要将子弹型进攻策略改为哑铃型防守策略。这样既不错失获取更高票面收益的机会，又能防止"假秋天"的踏空，还能在"冬天"到来时及时卖出调仓。

同样，当市场由熊市转化为牛市时，因为本身底仓就是短久期债券，所以如果有信号显示"春天"到来，且市场已经开始横盘震荡，就应该将久期拉长。在此熊牛转换之际，为防止出现2017 年 6 ～ 9 月那样的"假春天"，我们应该先使用哑铃型防守策略，先加 10 年期利率债这种长期限的债券，把组合久期拉至"春天"3 年久期的水平，一旦出现"假春天"，收益率继续趋势性上行，就可以按照入场加仓时的止损位，迅速将 10 年利率债卖出变现，将组合久期迅速恢复至"冬季"1 年内久期的水平。而如果真如预判的那样，趋势性牛市来了，就要将组合久期继续拉长至夏天 5 年以上的水平，并将组合结构调整为进攻的子弹型。即将底仓中 5 年以下的债券全部清掉，置换成 5 年以上的债券，让组合呈子弹型配置格局。

总之，牛熊（或熊牛）转换用哑铃，其他都用子弹型。

第 4 章

债市逻辑

在债券的分析框架体系中，除了八大信号外，还可以从"短期看逻辑，中期看资金，长期看政策，核心看利差"这个角度去思考。在四者中，长期政策和核心利差是债市的价值根基，中期资金则是桥梁和窗口。而在资金、政策、利差等各种影响市场波动的因素中，因素的高低、贵贱、多寡并不重要，最重要的是边际变化，因为边际变化决定了价格变化的趋势。

短期看逻辑，中期看资金，长期看政策，核心看利差

短期看逻辑，中期看资金，长期看政策

短期（小浪）看逻辑（情绪），中期（大浪）看资金，长期（趋势）看政策。

无论是债市还是股市，其波动都是小浪组合成大浪、大浪组

合成趋势，或者说是小浪服从大浪、大浪服从趋势。那么，小浪在服从大浪的情况下，自身的波动又是由什么决定的呢？是由市场情绪决定的。而这个情绪其实就是每一次涨跌中的故事，或者说逻辑，每次的逻辑都不同，再强的逻辑也终将逝去，如果我们只关注推动市场波动的逻辑本身，就会被市场带节奏而无法自拔。只有盯着中期的资金，看短期的逻辑，才能真正登高望远看清市场，才能真正识别市场的错误，看到市场的机会。

做短线，不要看每天市场涨跌本身，而要看影响市场波动的逻辑是否结束。这个过程往往是从传闻到新闻的过程，在新闻刺激下，大涨或大跌通常是两三天结束的行情，短线交易者可以在情绪最疯狂或恐慌的时候退场。这就是短线交易的过程，看逻辑，尤其是其中的预期差，而不是只看价格涨跌。

做中线，不要看逻辑本身，而要跳出逻辑，看资金面的边际变化。如果资金面没有明显的、全线的、持续性的边际变化，那么中期的趋势一般不会改变，即使短期逻辑讲完，伴随着市场的回调退潮，也会有新的逻辑来接棒，沿着中期的趋势方向，继续推动市场向前，一浪一浪地向前推进。

做长线，不要看资金面的中短期边际变化，而要看货币政策的态度。资金面的中短期边际变化并不代表央行货币政策态度的改变，但货币政策态度的改变一定伴随着资金面的边际变化。所以，很多人会被迷惑，误认为资金面的边际变化就代表货币政策要改变，于是就会出现 30bp ～ 50bp 的中级别调整，这其实就是市场在犯错，除非货币政策真的转变了，例如 2013 年 6 月、2016 年 10 月由松转紧的政策拐点。那么，如何确定和判断货币政策拐点是否真的出现？这就需要结合宏观基本面来看了，也就是站在央行的角度来思考问题。一个重要的数据就是宏观信号 PPI，在 PPI 企稳大概三个季度后，央行才可能考虑收紧货币政策；而在 PPI 出现趋势性下跌时，央行政策才可能由紧转松。具体可参考八大信号中的宏观信号。

核心看利差

市场的每次涨跌都有其背后的逻辑，有时我们知道原因，有时却什么都不知道。而且，一个逻辑讲完，又会来另一个，你也不知道什么时候结束，什么时候又来个新的。如果我们跟着逻辑做交易，往往就会疲于应付，被左右打脸。

所以我们需要找到市场波动的核心，这个核心就是利差，因为债券投资的本质是套利，收益的本源是债券的票面利息。那么，影响利差变化的又是什么呢？就是政策。货币政策的变动会导致市场资金面的松紧变化，进而影响长短期套利空间的放大或缩小。当然，并不是说利差大，债市就不会跌，利差小，债市就不会涨，关键还要看其边际上的变化，边际上有变化，价格就会有波动。但如果没有相应利差的跟随，价格的波动将没有后劲和可持续性。资金面或政策面的边际变化会改变市场情绪，所以市场价格就会改变，如果没利差的真正跟随，就代表这种涨或跌没有根基，是市场在出错；当然，如果相应的利差配合，那么趋势就会形成。具体来看：

（1）资金面和政策面边际转松，却没有带来收益率趋势性下行。

最大的一次诱惑和陷阱出现在 2017 年 6 ～ 9 月。2017 年是大熊市，6 月本来是跨季时点，但是资金面却没有预期中紧张，反而政策面和资金面都边际放松，于是收益率就开始下行，10 年国债收益率下行约 20bp，然而 10Y-3M 国债利差最高时也只有 87bp，并没有到达 100bp 的安全做多入场区间。当时的下行只是因为资金和政策的边际变化导致了市场情绪的短期变化，但没有实实在在的套利空间扩大予以加持，所以下行趋势根本无法持续。没有套利的根基，趋势就无法真正形成。而在 2017 年 9 月末定向降准时，陷阱就更大。一般认为，政策方向都已经改变了，债券收益率应该下行了吧。然而，央行宣布降准并未让收益率下行，2017 年四季度反而来了一波大上行（见图 4-1）。为什么？虽然当时的资金面并没有很紧张，借钱难度也不大，但是短端收益率并未下降，银行的同业负债利率也没有下降，反而持续上升。当时 3 个月同业存单（NCD）利率持续上行，股份制银行的 NCD 利率由 2017 年三季度末的 4.4% 附近，上行至 12 月末的 5.4% 附近。所以，虽然当时在政策上和资金上都出现了边际变化，但是没有利差的支撑，就没有真正的套利来接力，也就没有真正的持续性，趋势性下行也就不存在。资金和政策的边际变化导致了情绪和价格的变化，这是市场出错了。

（2）资金面和政策面边际均出现宽松变化，且利差也跟随扩大，趋势就会形成。

2017 年 12 月跨年暴紧，但跨年之后的 2018 年 1 月，资金面即边际转松，而且 2017 年 9 月末宣布的定向降准也实施了，2018 年 2 月春节前定向中期借贷便利（TMLF）也投放了，能明显感

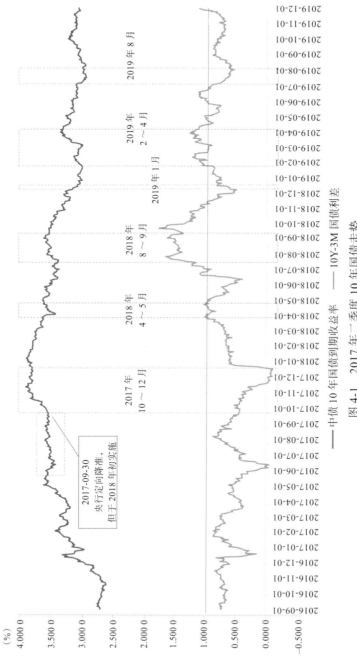

图 4-1 2017 年二季度 10 年国债走势

——中债 10 年国债到期收益率　——10Y-3M 国债利差

觉到政策和资金的边际变化。2018 年一季度与 2017 年四季度不同的是，期限利差随着短端资金的宽松不断拉大，虽然开始时还没有拉大到 100bp 以上的买入级水平，但利差的确是在逐渐扩大的，这说明套利空间在拉大，配置债券的性价比在增大。可以说 2018 年一季度收益率的下行，与 2017 年三季度的下行是同样的逻辑，都是政策和资金的边际放松所致。但其后市能否持续，还要看利差能否真正拉开，套利空间能否有足够的吸引力。2018 年 4 月，10Y-3M 国债利差真正拉大到了 100bp 以上，这就为收益率的进一步持续下行提供了真正的动力。然而，4 月中旬降准之后，资金面收紧，10 年国债收益率大幅向上调整了 22bp。不过 5 月后资金面再度边际转松，以及期限利差扩大到 100bp，其实已经证明市场在犯错了。4 月中旬资金面的边际收紧，只是引诱了情绪的边际变化，进而导致了收益率的上行，但是利差这个核心并未动摇，反而是扩大的，这就是市场在犯错，市场价格偏离了市场价值。

同样，2018 年的市场错误，就是当年 8 ～ 9 月的大幅度调整，10 年国债收益率上行 25bp，原因是 8 月 7 日央行窗口指导银行不出隔夜。这种政策面的边际变化，引起了市场情绪的变化，于是收益率大幅度上行。但同时，期限利差扩大到了 100bp 以上。这就是明显的价格与价值的偏离，最终还是价格向价值回归，收益率大幅下行。

再举同样的例子。2019 年一季度，李克强总理提到资金空转，央行行长易纲也提到降准空间不大了，这是明显的政策面边际变化。而 4 月 1 日央行对降准传言的报警，直接触发了市场的大调整。然而，此时的 10Y-3M 国债利差大于 100bp，在买入信号之上，这说明市场在犯错。最终收益率再度下行，价格回归价值。

另外，还有因为利差太低而被迫向上回归的例子：① 2019年1月初，期限利差只有 50bp，小于 60bp，完全到了无利可套的地步，债券价格被严重高估，如果没有短端收益率的下行，这种价格就不可能持续，趋势就无法接力，最终只能以长端收益率上行的方式让价格回归价值。最后市场也确实在 2019 年 2 月，以长端收益率上行、短端收益率下行的方式，将利差扩大，并进入了买入做多区间。但也正是在 2 月，政策面及资金面均出现了边际上的变化，进而让市场情绪变化，也就接上了上一段的内容。② 2019 年 8 月 29 日，期限利差被压缩到了 55bp，从期限套利的角度看，已经发出了危险信号，长端收益率再往下行的动力已经不足，必须靠短端收益率下行补充动力，如果短端收益率不能及时下行，那么市场就在犯错，长端收益率就有被弹上去的可能，只是缺乏一个催化剂而已。而 9 月中旬时，资金面边际收紧，导致市场情绪边际变化，后面又有猪肉价格导致的通胀预期放大，最终收益率大幅度上行。这也是一个因为套利空间被压缩到极致，价格向价值回归的例子。但是，2019 年 10 月末，在长端收益率上行、短端收益率下行的双重作用下，利差被再度拉大到买入信号级，期限利差达到 100bp 以上，配置机会再次到来，而到这个利差范围，如果长端收益率再上行，就是市场又一次犯错，价格也必将向着另一个方向回归。

总结以上的内容：①利差（套利）是核心；②如果没有利差的接力，趋势将无法持续；③危险信号——利差被压缩到危险区域＋资金面边际变化＋政策面边际变化。

当利差压缩、资金面及政策边际收紧这三个危险信号出现时，不要心存幻想，可先下车避避风头。当然，在八大信号中，还有一个重要的危险信号，就是情绪信号：10Y 国开债与 10Y 国债利差。如果该利差被压缩到 30bp 以下，同样需要高度警惕。尤其是在市场下行较快、情绪信号也提示有风险时，一旦出现资金、政策上的边际变化，预期差就会很大，对市场情绪就会造成打击，加之本来在快速上涨之后，市场就会出现本能的恐高，一有资金或政策的反向边际变化，就将出现较大的获利回吐。反而是在市场横盘时出现边际变化，市场不会有太大的变化，因为在横盘时市场已经适应了横盘的高度，当出现边际变化时，不会因新高度而出现获利回吐的恐高情绪。所以，在快速上行或快速下行时，要更加关注危险信号的出现，在横盘时，可结合利差多观察。

在短期逻辑、中期资金、长期政策、核心利差四者中，长期政策和核心利差是债市的价值根基，中期资金是桥梁和窗口：

（1）资金面刚开始出现边际变化时，它更多只是影响市场的短期情绪。

（2）资金面收紧的时间越长，市场就越会通过这个窗口倒推货币政策的边际变化，进而去思考长期的政策方向是否改变。

（3）资金面收紧的时间越长，强度越大，利差就越会被压缩，这样就从政策预期和套利所得两个方面相互印证，从根本上推动市场出现大幅调整。

当然，还有一种倒过来的可能性，就是市场过于疯狂，让长端收益率下行过快，使得利差被压缩到无利可套，这时，只要有中期资金或长期政策的边际变化，市场就会明显地调整。

所以，在短期逻辑、中期资金、长期政策、核心利差中，可以进一步选出后三者作为判断市场变化的三大因素：只要有两个同时利空，就做空；只要有两个同时利多，就做多。

然而，在市场由熊转牛的初期，可能资金面只是边际宽松，利差还没有被拉大到买入级别。但是，只要资金面边际变化了，利差的趋势是变大的，即使利差没有被拉大到买入级，做多也是可以考虑的。

在资金面边际收紧时，如果收益率已经下行了，那么资金面边际收紧、"带脚刹车"导致的回调就会比较大；而如果收紧时是横盘的，那么边际收紧这脚"刹车"就会比较小。

当然，如果在资金面边际变化的同时，政策面也边际变化，那么调整的幅度就会更大，甚至导致市场反转，因为资金面、政策面这两个中长期的根基都边际变化了。如果此时套利信号很扁平，那反弹的幅度就会更大，属于"三期叠加"——中期资金、长期政策、核心利差三者都没有支撑，那么大调整就必然发生。

例如：2019 年 1 月初，10Y-3M 国债期限利差仅有 50bp，导致了 1 月时收益率的震荡上行；虽然 2 月利差被拉到了 100bp 以上，但是 2 月长期政策边际收紧，中期资金也在 2 月末和 3 月边际收紧，这就导致了 4 月的大调整。然而，大调整之后，资金面并没有进一步持续性收紧，在边际宽松之后，为了维稳同业市场的结构性紧张，资金面更加泛滥了。也就是说在中期资金、长期政策、核心利差三者中，至少有资金和利差是利多的，而5月初的再次定向降准，也表示政策再度边际宽松，这就为后面的下行打开了空间。虽然在5月中下旬，出现了资金面的边际收紧及包商接管事件，但是，在中期资金、长期政策、核心利差三者中，资金面是最微观的因素，只要后两者没有改变，趋势就不会改变。资金面的边际变化，或者其他事件，只会影响市场情绪，更多的是"进二退一"式的短期调整，可能正是市场在犯错，此时正是上车加仓的机会。

2019年8月末，10Y-3M国债期限利差再度被压缩到仅有55bp，到了9月、10月，资金面持续收紧，与7月、8月相比，发生了明显的边际变化，而且这种持续性的小紧，以及定向中期借贷便利续做的预期连续落空，让市场倒推出政策上的边际变化。此时，中期资金、长期政策、核心利差都发生了边际变化，调整幅度就会很大。但是，进入11月，央行下调了中期借贷便利利率，代表政策面边际宽松。在长期政策回暖、核心利差有保障的情况下，即使11月资金面有间歇的紧张，也只会影响市场的情绪，更多的是"进二退一"式的短期调整，这正是市场在犯错，也正是上车加仓的机会。

在长期政策、核心利差都有利的情况下，资金面的边际变化只会影响情绪面，趋势不会改变，其回调可能更符合"进二退一"规律。

行情"三部曲":修头、套肚、情尾

短期逻辑、中期资金、长期政策、核心利差是债券投资的驱动力。套利,是债券市场的本质,也是内生驱动力。一波牛市行情,一定是由负债端成本下降,拉大资产与负债利差带来的;而一波熊市行情,一定是由负债端成本上升,压缩利差带来的。当然,这只是行情发展的根本动力,在市场上是人在操盘和交易,必然会有理性之外的感性。感性放大理性,理性约束感性,两者之间相互影响、相互切换。

以一波牛市行情为例,在经历熊市的极度悲观之后,市场开始逐渐回暖,牛头开始崭露头角,收益率开始调头下行,往往不是因为套利的驱动力,而是因为熊市过于悲观之后的情绪修复。后市能否继续接力下行,就要看有没有足够的套利空间,如果有,则继续向下;如果没有,则延续原来的熊市上行。第二波真正的牛市大行情,正是在套利需求的推动下展开的。最后一波行情,往往套利空间已经明显变小,但市场的情绪却在赚钱效应的驱动下全面躁动,套利空间很小,但套利预期很大,人们靠疯狂的情绪,相互影响着,推动行情走向巅峰。而当疯狂过后,人们发现,负债端成本并没有进一步明显下降,而资产端利率却已经被进一步明显压缩,债券投资最本源的套利逻辑无法维持,除非货币政策继续降低货币市场利率,否则调整就将开始,牛市也将就此结束,或是进入大幅横盘震荡的"秋天"行情,或是反转进入趋势性的熊市"冬天"行情。

所以,一个中大型的趋势行情,一般可分为三波:第一波,修复行情,恐慌之后的情绪修复行情;第二波,需求行情,真正套利的需求推动行情；第三波，情绪行情，事件刺激的最后疯狂行情。当然，这是以收益率的下行趋势为例，上行趋势同样有三个阶段：情绪修复、内生推动、情绪疯狂。三波大浪完成后，一个完整的趋势结束，再接力下一波行情，或掉头转向，或蓄势待发。具体来看：

（1）牛市：收益率趋势性下行（30bp 以上的中大级别）。

第一波，修复推动（行情）——修头。在熊市收益率大幅上行之后，随着中长期资金、政策的边际变化，市场情绪会边际转暖，收益率开始试探性下行。这是悲观情绪修复行情，在这个过程中，资金面会边际改善，否则情绪面改善就没有臆想的原动力，但也不一定会让套利空间拉大到投资级别（套利信号可参考 10Y-3M 国债利差 > 100bp）。

与其说是情绪修复，不如说是情绪扭转，因为很多人在这个阶段不相信原来的趋势会结束，多空双方在这个阶段博弈很激烈。那么，到底是真扭转，还是假扭转，还要看在情绪修复行情后，能不能有真正的套利行情来接力。如果没有，那情绪修复的臆想就没有根基，掉头就只是假掉头。为什么情绪会修复？因为资金面或政策面的边际转松，让市场臆想资金或政策掉头转向了。如果臆想半天，资金成本下不去，那就没有真正的套利空间。没有实际的好处，负向预期差就会产生，市场要么横盘继续等待后市套利空间的出现，要么失去耐心，收益率继续上行。

就像 2017 年 6～9 月一样，资金面边际转松，债券收益率也因此下行，展开一波情绪修复行情。但是在区间横盘震荡近 4

个月后，负债端成本并没有进一步下行，让机构投资者有真正套利赚钱的机会。虽然隔夜资金没有上半年那么紧张，融资难度也明显降低，但是以 3 个月同业存单为代表的银行负债端成本并没有下降，所以收益率根本无法进一步下行，来接力第二波下行行情。最终，市场失去了耐心，在 2017 年四季度沿着原来的上行趋势，接力了那波熊市的第三波（恐慌）情绪行情。

第二波，套利推动（行情）——套肚。在情绪改善带动的第一波行情过后，市场就会中场休息，能否再下行一程，就要看核心利差是否能够达到投资级别（可参考套利信号：10Y-3M 国债利差 > 100bp），也就是要让真正的赚钱效应来接力，这波行情是全市场在赚央行放水的钱，也是真正赚大钱的行情。

第三波，情绪推动（行情）——情尾。在第二波赚钱行情之后，赚钱效应会让更多的投资者加入，并且让已经赚钱的投资者胆子越来越大，市场的情绪就会疯狂起来，债券收益率被乐观的情绪推动继续下行，核心利差进一步压缩，收益率曲线走平。这时的市场价格其实已经脱离了债券的套利价值，如果没有资金面（负债端）的进一步下行来拉大利差，债市就会成为偏离业绩基础的无根大树，将在疯狂中走向灭亡，这就是"情绪顶"。此时，债券收益率没有进一步走下去的基础，趋势性下行的行情也将就此结束。

其实，在行情之间，会有中场休息的切换，要么进二退一地回调，要么窄幅横盘，有时很短，两三个交易日，有时又很长，两三周。但是，在回撤的空间上，最好不要超过 1/2（进二退一），如果超过了 1/2，强趋势图形被破坏，就代表原有趋势动力减弱，未来更可能横盘甚至反转。

很多时候，会出现修复行情，你以为是行情反转了，但在第一波修复行情完成后，没有第二波套利行情来接力，那么第一波修复行情就变成了原有趋势中的一次中场修正，逆势反转的力量宣告失败。就像带兵打仗一样，本来派出第一波先遣部队去打，但第二波决定胜负的主力部队没有及时跟进，最终导致第一波部队被敌方打败或俘虏。

（2）熊市：收益率趋势性上行（30bp 以上的中大级别）。

第一波，修正推动（行情）——修头。在前期牛市收益率大幅下行之后，市场往往可能进入横盘整理的中场休息阶段（即"秋天"行情），这时市场在等待央行再次放水、资金利率再次下行、套利空间再次拉大。但是，如果等来的不是负债成本的下降，而是资金面或政策面的边际紧缩，那么原来持续乐观的情绪将被修正，收益率将反转掉头上行，这也是上行趋势的真正起点。不过，在上行一波后，还不能完全确定是否这就是反转后的第一波，也有可能是原来趋势的一次中场休息。关键还要看债市负债端成本是否会持续上涨，压缩资产与负债之间的利差，甚至压缩为负利差。

第二波，（负）套利推动（行情）——套肚。在一波大级别的熊市行情中，货币政策已发生了方向性收紧，资金利率也持续性地在高位，这时套利空间很小（可参考 10Y-3M 国债利差 < 60bp），甚至为负。那么，在市场确立了货币政策方向，且没有套利机会的情况下，收益率就会再上行一波，这波上行完全是被

负套利的高负债成本推上去的。

但是，在"夏秋"行情中也有可能出现20bp ~ 50bp的中级别调整，所以第二波大调整也不一定就是因为套利空间太小或者为负才接力的，更有可能是资金面多次间歇性地"点刹"收紧造成的预期上的改变。在一个时期内，间歇性的边际收紧会极大消磨多头的意志力，改变大家的预期，让市场以为货币政策已经转向，于是出现大的调整。

第三波，情绪推动（行情）——情尾。这是"情绪底"，是情绪极度恐慌的阶段，这时几乎所有的利空市场都已经知道，但"屏蔽利多，放大利空"是最大的情绪特征。如果是趋势性大熊市，情绪信号就会出现：10Y国开债与10Y国债利差 > 90bp。

总之，无论是趋势性的牛市，还是趋势性的熊市，多数都会出现类似于波浪理论三大浪的阶段，即行情"三部曲"：修头、套肚、情尾。

"政策 + 资金"才是真动力

当市场出现边际变化时，价格就会出现相应的波动。但是，如果后续没有得到进一步印证，当然不一定非得证伪，只要未被证明正确，市场就会感觉被骗。然后，价格就会回到原来的轨道，沿着原来的趋势运动。

我们知道，政策面和资金面对债市的影响是最直接的，其边际变化将直接影响情绪面，而且两者又是相互印证的。

1. 政策面边际收紧

政策面边际收紧的表现有暂停逆回购、大额净回笼这些软性的工具，还有提高逆回购或 MLF 利率、上调存款准备金利率等直接的硬性政策。

（1）证明正确：资金面跟进收紧。

当政策面边际收紧时，债市会看到这种边际上的变化，收益率就上行。如果后面资金面也跟进收紧了，市场的预判或担忧就被证实了，收益率就有了进一步上行的动力。

（2）未被证明正确：资金面未收紧。

当政策面边际收紧时，市场会认为央行要收紧资金面了，于是债券收益率就会上行。但是，在收紧一周或一段时间后，资金面并未相应收紧，资金利率也没有相应的明显抬升，那么债市情绪就会扭转回来，债券收益率不再上行，而是下行。

2. 资金面边际收紧

我们常常不是先看到政策变化，再看到资金收紧，而是先有资金收紧，才猜测政策可能变化。对资金面收紧的观察点主要是：跨月、跨季、跨缴税。

（1）证明正确：政策面边际收紧，即暂停逆回购、大额净回笼，甚至提高政策工具利率等，这时债券收益率就会有进一步上行的动力。

（2）未被证明正确：政策面未边际收紧，即在资金收紧时，央行立刻开始大额净投放，平抑市场紧张的态势。这时收益率就失去了进一步上行的动力，将调头再次下行。

中长边际是引线，短期逻辑是炸药，核心利差是价值

以"短期看逻辑，中期看资金，长期看政策，核心看利差"这条感性的分析主线来看，利差依然是债券价值的核心，是趋势的主线。但价格围绕价值上下波动，我们除了赚主线贝塔（市场趋势）的钱，还要尽量去赚阿尔法（市场波动）的钱。我们要在看准大势的前提下，让曲线更加平滑，而不是让产品收益波动过大，让乘客（投资人）感到过于颠簸而下车（撤资）。我们既要赚到贝塔的大钱，还要尽量赚点阿尔法的钱，这就需要更加精细化地运用"短期看逻辑，中期看资金，长期看政策，核心看利差"，去抓住中期波段的机会。对于波段交易，有的投资者是放弃做逻辑的，一是因为不知道有什么逻辑会出现，二是因为不知道逻辑怎么被市场选择。做逻辑容易让人迷失在海量的信息森林之中。但是，完全放弃逻辑也是有问题的，如果只根据资金面和政策面的边际变化来操作，又有些空洞和根基不牢。

其实，中期资金、长期政策的边际变化，即前面所说的开车途中"带脚刹车"，就像爆竹上的引线；而各种市场臆想的逻辑，无论是短期的，还是戴着"望远镜"式的远期的，就像爆竹中的炸药。试想，没有引线，只有炸药，爆竹不会爆炸，就成了戴着"望远镜"的爆竹，只能拿来自己臆想，并不会带来市场的真正波动和共鸣；而只有引线，没有炸药，就只是一个哑炮，只能昙花一现，不可真正持续。只有两者结合——引线＋炸药，才能真正

"引爆全场"，形成一波趋势。

　　具体来说，先有资金或政策上的边际变化，后有逻辑的发酵放大，调整就会明显和剧烈。即使资金或政策上的边际变化结束之后，没有进一步持续，后市一般也会继续调整一段时间，这就是引线的作用，只管引爆，后面的交给炸药（逻辑）发酵，直到炸药炸完，逻辑大白于天下为止。其中也许会有资金或政策的间歇性变化，即之前说的"点刹"，这是比较有杀伤力的，相当于多次引燃引线，就像是一个爆竹变成了一串爆竹，调整就会非常具有持续性。当然，最根本的持续性还是要结合利差的变化。

　　中长边际为引线，短期逻辑为炸药。怎么理解呢？没有引线被点燃，就不要自己臆想逻辑，那就真成戴"望远镜"看市场了。如果资金面或政策面有边际上的变化，在变化之前，价格趋势斜率越大，"刹车"的停顿感就越强，即调整幅度越大，甚至可能出现反转。资金面或政策面在边际上有变化，是引线被引燃了，这时就要好好考虑一下资金或政策边际变化方向上可能的逻辑，如果市场已经有传言或担忧的逻辑，就说明在引线被点燃后，市场有发酵的故事可讲，即炸药充足。这就是既有引线，又有炸药，一旦政策或资金有边际变化，引线被点燃，炸药很充足，后市调整的空间就很大。

用战略思维去配置，用战术思维去交易

　　跨过心结向前看。当你做错时，需要不回头，迅速忘记过去的逻辑，顺应新的趋势。但说起来容易，做起来很难！我们为什

么总是在踏空或被套很久后，才会认识到自己的错误？当终于扭转思维、承认错误时，止盈或止损的机会又已失去了很多。为什么总是这样？因为承认错误太难，否定自己太难，打自己脸更难。而且，即使及时承认了错误，也不敢立刻反手，因为又怕左右打脸。如何改正这种不断重复的思想错误呢？这需要我们既有长远的战略眼光，又有具体的战术思想，这样才能拿得起、放得下。要对战略性的大势和战术性的小势区别对待，要对配置盘和交易盘区别对待。

用战略思维去配置，用战术思维去交易。

（1）用战略思维去配置。我们经常会讲"拿什么什么打底仓"，其实就是在讲什么债券可以或者值得长期持有，能够经得起市场波动的影响，甚至跨越牛熊，在极端情况下可以让人拿着不抛而赚钱。这是配置问题。

要用战略思维去分析影响债券市场波动的主要因素，如宏观经济、通货膨胀、货币政策，甚至是技术革命、人口状况、国际关系和地缘政治等，要看这些因素的大周期、大轮回。就像2014年姜超提出的"零利率或是长期趋势——人口结构的视角"。投资中经常讲确定性和预期差，确定性就是从战略层面考虑的长期配置问题，预期差则是从战术层面考虑的短期交易问题。当你明确资产的收益能够完全覆盖你的负债成本，并且没有期限错配时，就可以购入相关的资产，先把确定性的收益锁住，然后再去考虑短期的战术性交易来增厚你的收益。不要一开始就想玩交易，首先要生存下去，再考虑提高品质的问题。在债券投资中，很多人会问：我把债券卖了，买什么？总不能空仓吧！于是，一直拿长债，但是当熊市到来时，又后悔没有卖掉长债。这其实就是把战略性的配置盘与战术性的交易盘给混淆了，既想赚配置中票面的收入，又想赚交易中资本利得的收入。

用战略思维去配置又分为战略进攻和战略撤退。无论是在左侧还是在右侧，当我们通过对宏观数据、通胀水平、货币政策、央行态度、技术形态等的分析，看到债券收益率已经高无可高，开始趋势性下行之时，就要采取战略思维，不要在乎一时的得失和几个 bp 的波动，可参考 2014 年开始的大牛市。同样，当看到债券收益率低无可低，而且宏观数据、货币政策要转向，市场要趋势性、周期性地转熊之时，就不要计较几个 bp 的得失，不要因为没有卖在最低点而懊悔，更不要幻想着收益率下来后再卖出，而是要尽早抛售，而且越早越好，可参考 2013 年的大熊市。

（2）用战术思维去交易。每个交易员或基金经理都想赚取超额收益，都想超越市场、超越别人，但实际操作很难，往往是有心栽花花不开，越是一心想赚钱，就越是小赚大亏。我们会因为负债端的压力、排名的压力，甚至是自己给自己的压力，让自己的目光变得短浅，每天只盯着那一点点收益，一叶障目，只见树木，不见森林。只有在战略上顺应大势，才能大概率赚钱，才会更加从容、理性地分析市场，知道市场想什么、市场预期差在哪里，而不是想你想要的结果。交易盘，就是要用战术思维，快、准、狠地抓住市场波动的机会，打的就是游击战，用小量仓位、小股力量去试盘性地打，而不是用重仓位、集团军去打战役性的歼灭战。

做消息的驾驭者，不做消息的跟随者

以下是我在 2019 年 9 月 18 日开盘前写的交易计划的内容：

"早盘消息称，沙特阿拉伯 9 月底就能恢复产能，超市场预期，国际原油价格下跌 6%。所以按道理讲，之前担忧的通胀不攻自破被证伪，这对债市来说就是一个利多消息了。但是，收益率下不下还要看市场的选择，一个消息被证伪往往并不会带来市场的反向变动，因为原来的消息本来也只是被市场拿来利用的，真伪并不重要，重要的是你在那个时间点正好出现了，即使证伪了也会被市场遗忘或屏蔽。当然，如果市场趋势正好要转向，而原来的消息正好被证伪，那么市场就会拿来用。并不是你本身有多么重要，而是市场需要你，你才重要。所以，原油价格趋势性上涨影响通胀的预期被证伪，本身对债市是利多的，我们要拿这个利多消息来检测市场的最小阻力线方向，如果下了，就说明市场方向大概率要转向，如果上了，就说明市场向上的趋势还将继续。"

以下是 2019 年 9 月 18 日开盘后写的预期差内容：

"09:01，早盘长债收益率基本平开，并没有沙特阿拉伯 9 月恢复产能、原油价格下跌带来的提振。另外，资金面在早盘并不太宽松，所以，今天债市行情不太乐观，静观其变。"

当天开盘就显示市场并没有因为原油价格的下跌迎来债券收益率的下行，而债市收盘后的结果是收益率再度明显上行，而且还是阴上（见图 4-2）。这就验证了开盘时交易计划的内容。

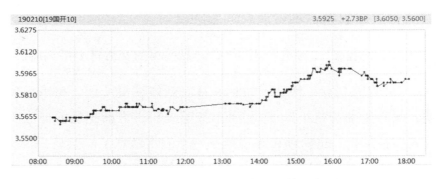

图 4-2　2019 年 9 月 18 日十年国开债日内走势

消息真伪无法改变趋势的这个经验教训，是我在 2017 年 10 月总结的。国庆节后不久，有消息称：下半年 GDP 可能到 7%。这是大超市场预期的，于是债市大跌，收益率大幅上行。但是一周后公布的三季度 GDP 实际数据只有 6.8%，并未超市场之前的预期，相当于 7% 的消息被证伪了。然而，债市并没有因为利空证伪而反弹，而是主动屏蔽、视而不见，债券收益率沿着原来的方向继续趋势性上行。

市场不是被消息驱动的，而是被利益驱动的，有利了才会把有用的消息放大，没利了就会主动屏蔽。所以，在投资中，我们关注的点不应该是消息的多空或真假，而应该是市场正在选择利多还是选择利空。要用多空消息，来检验最小阻力线方向。

不能做消息的跟随者，而要做消息的驾驭者。

其实，消息的真假并不重要，重要的是市场如何把这个消息拿来并放大，是选择利多放大，还是选择利空放大。往往是因为市场走弱才拿来利空，不是因为利空市场才走弱。2019 年 9 月 16

日，沙特阿拉伯石油遭袭，油价大涨，使得债市收益率上行，而 9 月 18 日说能恢复产能，油价又大跌，但债市收益率却并未因此而下行。

2019 年 9 ～ 10 月的那次中级调整，根本原因并不是政金债纳入同业资产、猪肉价格上涨、沙特阿拉伯石油遭袭、MLF 利率未下调、公募基金取消免税等利空，而是收益率曲线太平坦，市场无利可套了。虽然 2019 年 9 月 6 日央行降准了，但短端收益率不下反上，并没有把期限利差拉大。我们常常会说，理想建立在活着的基础上。其实投资也一样，它建立在套利的基础上，无利谁还起早？那些所谓的利空只是因为无利才被拿来放大。当债券的期限利差再次拉大时，才有利可图，市场自然也就会反过来选择利多，屏蔽利空。

要做消息的驾驭者，不做消息的跟随者。因为我们基本不可能拿到第一手消息，即使偶尔拿到了，你也不知道会不会被市场拿来用。

消息不是用来推动市场的，而是用来检验市场的。

推动市场波动的不是消息，而是利益（利差）。

赚钱要知道赚谁的钱

无论是打仗还是投资，都讲究知己知彼。知己好说，就是了解自己，可知彼呢？在投资时，谁是"彼"？以前理解为市场就是"彼"，但这个"彼"其实是你赚钱的对象。我们做投资的目的是什么？不就是赚钱嘛，可是赚谁的钱却不一定知道。如果连这个都不知道，那怎么知彼！做投资就像打仗，一定要知彼，知道我们最终赚的是谁口袋里的钱，才能更有针对性地分析你的对手，不打无准备之仗。

在央行货币政策放松期，市场水位上涨，债市的"夏天"（牛市）到来，这时全市场赚的钱是央行放的钱。

在央行货币政策观察期，市场水位不变，债市的"秋天"（震荡市）到来，这时我们赚的是交易对手的钱。

在央行货币政策收紧期，市场水位下降，债市的"冬天"（熊市）到来，这时全市场亏的钱是央行收的钱。

在牛市中，你需要做的就是顺势。此时市场上的所有人都是股神债神，大家多少都赚钱了。如果你以为你赚的钱是交易对手的钱，那就错了，因为交易对手也赚钱了。那你的钱又都是从何处赚来的呢？央行！牛市中赚的钱都是央行的钱，都是央行放水给市场的钱，你的对手就是央行，是央行把水池的水量总体增加，才让市场雨露均沾的。央行让你赚，你不得不赚，只是多少的问题，除非你不参与这个放水盛宴。所以，你要看央行的脸色，猜央行的心思，只有猜透了央行的想法，你才能看到事物的本质，才能吃到大肉，而不仅仅做个中途下车的喝汤族。当经济基本面不好时，央行会放水刺激经济，就是在大家日子不好过、人人哭穷时，让你有钱赚。这些水从央行的水龙头里流出后，最先进入的就是银行间市场，这个市场算是央行放水的一级批发商，在这个市场里最直接的投资品就是债券，水涨船高，所以债券会先受益，做债券的会先赚到钱。

在震荡市中，交易对手就是你的对手，你需要做的是逆势。当央行货币政策进入观察期，不再继续放水，也不立刻收紧时，你就赚不到央行的钱了。此时，要想赚钱，就要考虑赚交易对手的钱。市场会进入一个存量博弈的状态，这时已经没有了来自央行的新增水源，你只能去赚取别人口袋里的钱。这个难度就会加大，因为这是个零和博弈过程，二八现象会很分明，20% 的人赚80% 的钱。在这个阶段，我们研究的重点已经不是央行，而是交易对手和市场情绪，需要猜测市场中的多数人在想什么、一致预期是什么、预期差会是什么。

在熊市中，你需要做的就是休息。此时泥沙俱下，大家都在亏钱，那么钱去哪儿了？钱流回了央行的口袋里。因为央行觉得经济过热了，通货膨胀过高了，该收回些水，为日子不好的时候做准备了。就像一家人过日子一样，在光景好的时候，不能把钱一股脑都花光，总得储蓄下来一些钱，以备后用。这个时候，是央行不想让你赚了，你就老实点别太贪了。别老想战胜市场，这时你是战胜不了市场的，因为你的交易对手是央行。要及时止损，及时认输，该歇就歇，因为你永远不是央行的对手，永远不要与央行掰手腕。华尔街也有句格言：永远不要和美联储作对。

如果把央行比作太阳，当日出东方、普照大地之时（牛市），光是免费提供的，此时就是你该劳动赚钱的时候；而当日落西山之时（震荡市），如果你还想加班赚钱，就必须花钱买光，当然这时你努力赚的钱还不一定比你花的钱多，你需要考虑别人给你提供光的成本来衡量你的收入；而当午夜之时（熊市），如果你还想加班，那消耗的就不仅仅是买光的成本了，还有你的身体成本，这时该休息就必须休息，养精蓄锐，来日再战。

陡峭＋利多＝火上浇油，平坦＋利多＝利多出尽

债券投资的本质是赚利差，要么赚期限利差，要么赚信用利差。赚期限利差，就是借短买长，融入短期资金，投资长期资产，进而赚取期限错配的利差；赚信用利差，就是用自身或质押物的信用作为背书，借入资金，再买入信用更低的资产。

无论赚哪种钱，利差都是债券投资的核心。当期限利差或信用利差大到足够吸引人时，一旦有利多消息出现，就会"火上浇油"，刺激资金涌入购买；而当利差小到无利可图时，再大的利好消息刺激，也不会让人真正疯狂，反而可能是利多出尽（见图 4-3）。

对于债券来说，当期限利差拉大到足够大时（可参考上一章"套利信号"一节），收益率曲线陡峭，这时资金往往会缓慢地逐渐入场配置，债券收益率也会缓慢下行，出现没有明显消息或原因的阴下，此时如果有利多消息出现，就会"火上浇油"。当期限利差被压缩到非常小时，收益率曲线平坦，这时就会无利可套，聪明的资金会逐渐撤离，收益率可能会开始横盘或者缓慢上行，即使出现一些利多刺激，往往也是最后的疯狂，利多将出尽。正所谓"曲线不平，牛市不挺；曲线不陡，熊市不走"。

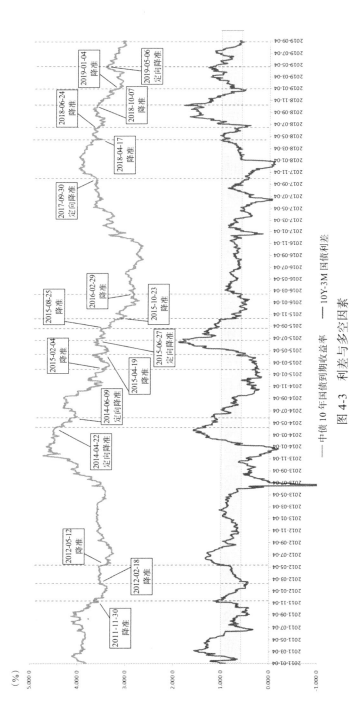

图 4-3　利差与多空因素

注：利差大，表明债券收益率曲线陡峭，反之平坦。

从投资者行为分析中美曲线陡平差别

之前总结过关于期限利差的"夏秋"两季三起三落的债市规律（参见上一章"套利信号"一节），然而，美债长短端利差却没有类似的规律。为什么美债不一样？难道美债投资的本质不是套利吗？这可能是因为中美两国债市投资者的获利行为不一样。但无论在哪个市场，投资的最终目的都是获利。

对中国债市投资者而言，整体债市的生态体系是一个逐层套利的循环，毕竟债券的获利还是以票面收益为基础，套利是中国债市投资者的基本行为，在此之上，再去获取资本利得。中国金融体系的资金流向大体是这样的：央行→国有大行→股份制行→城农商行→非银机构。而债市的套利行为则正好是倒过来的，即非银机构套城农商行的利，城农商行套股份制行或国有大行的利，而国有大行套央行放水的利。所以，融资成本越低，套利空间越大。3个月国债收益率代表了中短期资金成本，资金成本决定了资产端收益水平的高低。无利不起早，当10Y-3M国债利差被压缩到一定程度时，就代表长短端无利可套，市场必须要推倒重来，要么央行放水让短端下去，要么长端调整上行，总之必须再次陡峭，才能再次驱动套利行为，价格才能一浪一浪地向前波动。但是，随着中国债市的开放程度越来越高，境外投资者参与度越来越高，收益率曲线陡平的规律可能会失灵，因为全球投资者的融资成本不一，行为也会相应不同。就像A股近两年投资逻辑的变化一样，大盘在底部横盘筑底，但以白酒、医药、新能源为代表的大白马一次次创出新高，除了中国机构的博弈外，还有外资的大量进入，其投资逻辑和行为与中国投资者不一样，这就使得A

股之前的一些规律不再适用。

我们再来看美债，为什么美债收益率没有曲线陡峭 – 平坦套利的规律呢？因为美国债市的开放程度高，外国投资者占比大。数据显示，2008 年美债外国投资者占比为 55%，到 2018 年 11 月跌至约 40%；而中国国债 2019 年 4 月末的外国投资者占比仅为8.1%。外国投资者的成本各不相同，比如日本、欧洲的成本都是负值，而中国的成本相对较高。作为外汇储备，美债兼具了安全性、交易性、收益性，是全球配置的资产，美债收益率是全球投资者综合成本博弈之后的结果；但是，中国债市相对封闭，收益率水平的高低主要取决于央行货币政策的松紧，这就决定了中国投资者的融资成本，而融资成本最终决定了资产端的收益水平。

所以，美债收益率为什么没有陡峭和平坦之说，不是因为投资者不套利赚钱，而是因为美国债市的投资者是全球性的，其各自的融资成本并不相同，而且很多投资者的确不是为了获利，而是为了储备、国际贸易等多种目的。

边　　际

边际变化 = 有风险或有机会 = 本能反应

边际效应决定价格，这是经济学的规律，债券价格同样如此。虽然大的趋势是由总需求和总供给决定的，但更微观的交易价格则是由边际决定的。套利是固收的本源，而融资成本对资产收益率起决定性作用，所以，我们研究债券价格，从根本上需要研究资金面的总量及其边际变化，再往资金面上游看就是研究货币政策的边际变化。对资金面可以做定量的研究，而对货币政策则是定性的研究。

当债券市场由熊转牛时，往往市场资金总量没有明显的变化，但其边际上开始出现缓和和宽松，这时债券收益率就会缓慢震荡下行。而当债券市场由牛转熊时，多数是总量收紧带动边际更紧，最典型的就是2013年的熊市；但2020年5月起的那波熊市，并非总量收紧开启的熊市，而是边际收紧开启的，当时资金面并未出现紧张，很容易借入资金，但每天的隔夜利率却是不断抬升的。

总量的变化我们更容易观察到，但边际的变化往往悄无声息，却又锋芒逼人。

从交易层面上看，在收益率下行趋势中，资金面突然边际变化，就像是给下行的市场来了"一脚刹车"，原来的趋势斜率越大（下行速度越快），这脚"刹车"（边际变化）的反作用力就越大，斜率越小，反作用力就越小。在这脚"刹车"后，如果持续踩着"刹车"不放（资金面持续收紧），反作用力就越大（反弹的力度和空间就越大）。当然，为防止抱死翻车，往往会采取"点刹"方式，而不是一脚下去死踩不放，会踩一脚松一下，再踩再松，逐渐给原有趋势施加反作用力。

结合"短期看逻辑，中期看资金，长期看政策，核心看利差"来看，在趋势性下行过程中，一旦资金面或政策面边际有变化，可以考虑先下车，再定神观察，要形成这种本能。就像用余光看到一个飞来物体本能躲闪一样，别管它是什么东西、有什么原因，先躲开再说。如果边际变化没有持续，或者没有"点刹"式的边际变化，那再上车也不迟。

在市场价格大斜率地单边运行时，一旦中长期的资金面或政策面有边际上的变化，就可以考虑先下车，这种本能反应就是交易上所谓的"盘感"。

阻力线真假取决于资金与政策有无边际变化

技术上的阻力线有效，可为我们所用，为我们获利；但有时也无效，成为"陷阱线"，让我们深陷其中。市场中大多数人都知道一些技术分析的知识，也都会画支撑线或阻力线，这些线其实都是市场无形中形成的心理防线，有的会形成真正的阻力，有的则只是陷阱。那么，如何来判断其真假呢？

一个诀窍是，当市场价格运行至阻力线附近时，看推动市场运行的中期或长期的力量是否有边际上的变化，即资金面或政策面有没有边际上的变化。如果此时正好有变化，再叠加技术上的阻力线，就会产生共振，阻力线有效的概率就会大大提升；而如果中期或长期的力量没有边际变化，且还是阴涨或阴跌的，那么阻力线无效的概率更大，就更可能是一个"陷阱线"。

所以，当市场价格沿大趋势运行到阻力线附近时，如果中期的资金面或长期的政策面都没有发生边际上的变化，阻力线就更可能是无效的，我们就不用太在意这条线；如果没有变化，但市场却还是在此位置出现了回调或震荡，那就代表市场在心理作用下犯了错，这时就可以顺大势逆小势地加仓；但是，如果中期的资金面或者长期的政策面发生了边际上的变化，阻力线就大概率有效，这时我们就需要多给予关注，避其锋芒。

结合《交易》中的"区块链"技术原则，当价格二次探底或探顶时，如果没有资金面或政策面的边际变化，不可逆大势操作。所以，当遇到二次探底或探顶，想找理由逆小势，甚至是逆大势操作时，就要看看资金面或政策面是否有边际上的变化，如果没有，就要抑制自己的情绪。

在实盘操作中，对于观察政策或资金的边际变化，有下面的一些小技巧可供参考。

资金面的边际变化有两种情况：一是隔夜、7天资金面的边际变化，但是如果只是一两天由于跨月或缴税的收紧，只要不超过一周，就不足为虑；二是当期限利差被压缩得很小时，即使资金面没有收紧的感觉，但因为套利空间很小，也应该警惕，一旦资金面边际有变化，收益率就会像被压缩的弹簧一样反弹，就像2019年8月一样，利差被压缩到极致，资金面一有边际变化，长债收益率便快速上行。

政策面的边际变化也有两种情况：一是官方的态度，例如2019年4月1日央行对降准造谣行为报警，再如2018年7月央行窗口指导大行不出隔夜资金；二是通过缴税、跨月等时间窗口时资金面的松紧变化，来倒推央行的政策态度，即《应对》[○]中的"时点检验法"（检验央行政策态度）。另外，资金面的边际变化与

___
○《应对：债券投资心理与行为》，由机械工业出版社出版。

政策面的边际变化往往可以相互印证。

做个形象的比喻，技术阻力线遇到资金面与政策面的边际变化，就像是海水遇到岩石，如果"风平"，那就"浪静"。技术阻力线就像是岩石，资金面或政策面的边际变化就像是海风，而市场价格就是海水。当没有海风（资金面和政策面没有边际变化）时，海水遇到岩石就会平滑而过（市场价格遇到阻力线，就会顺利跨过）；当有海风（资金面和政策面没有边际变化）时，海水遇到岩石就要掀起波浪（市场价格遇到阻力线，就会出现大的波动）。

所以，在交易中，不能做政策和资金的左侧，不能逆政策势和资金势。

三点叠加＝趋势拐点

资金拐点＋政策拐点＋技术拐点＝趋势拐点。

资金拐点是先兆，政策拐点是方向，技术拐点是确认。

资金拐点，即资金面的边际变化，这个拐点很好确认，因为资金面的松紧很容易获知。

政策拐点，即政策面的边际变化，这个拐点最难确认，因为政策的意图很难猜，可以从以下几个方面来观察和确认：

（1）官员表态。在任或退休官员常常会有一些关于政策的表态，但方向并不一定一致，相对于市场的拐点，有时过早，有时滞后。但必须高度关注，尤其是在观点基本一致且频繁出现时。

（2）央行窗口指导或其他政策操作行为。例如，2018 年 8 月 7 日，央行窗口指导大行不出隔夜；2019 年 4 月 1 日，央行对降准传言报警；2017 年 2 月，调整 OMO 利率、MLF 利率等政策利率。

（3）时点检验法。在缴税、跨月、跨季等关键时点，通过资金面的松紧和边际变化，来倒推央行的政策态度，资金面边际变化持续一两天尚不足为虑，如果持续超一周，政策态度就有边际变化了。

技术拐点，即我在《交易》中所述的"区块链"技术原则：区块不翻越，趋势不反转。

如果资金面或政策面没有边际变化，回调都是人性弱点造成的市场犯错，那么此时就是顺大势逆小势的机会；如果资金面或政策面边际已经出现变化，而市场情绪却不以为然，逆资金势、政策势而动，同样是市场在犯错，就可以顺大势（资金势、政策势）逆小势操作。

例如，2016 年 9 月资金面已经间歇性地持续性边际收紧，但长债收益率还在下行。

再如，2020 年 3 月 9 日，资金面转紧，传言称央行指导大行不出隔夜，这是资金面和政策面同时边际变化，但是债券收益率却大幅下行了，这就是市场在犯错，我们就应该顺大势（资金势、政策势）逆小势（情绪势）卖出。

像种田一样规避中级调整

虽然资金面是核心，抓住这条主线就抓住了债市的大趋势，但是 10 年国债收益率 30bp 以上的中级反弹，我们还是要尽量避免，因为这种大的回撤会让投资人感到恐惧而赎回。即使大方向是对的，也可能没有再翻盘的机会。即使投资人不赎回，产品收益也会像过山车一样，让他们感到恐惧，体验感极差。

几年前，我在广播里听到一个真实的故事：保定一位农民为了找到儿时大白菜的味道，经过土地的改良、化肥的选取等很多程序，终于成功种植了品质优良的大白菜，远销日本等地。同样都是大白菜，人家就能把品质一点点从细节上优化出来，做到极致。那么，同样都是债券基金或固收产品，我们怎么才能把它们优化成极致的产品呢？就像那位农民一样，首先要知道自己改良产品的目标是什么；其次就是找方法改进，向这个目标靠近。那么，我们的产品要想做到极致，目标是什么呢？就是收益高、波动小。虽然听起来很苛刻，但实际上，这就是极致的目标。我们首先要把握住市场波动的"春夏秋冬"规律，才能做到"春耕秋收"，赚到大趋势的钱。其次，我们需要在趋势下"除草施肥"，尽量避免恶劣"天气"对"庄稼"的影响——牛市中也有大回撤、大调整，我们需要尽量规避这种风险，让产品的曲线更加平滑，而不是大幅波动。分析框架体系下的"一条主线，四个季节"，是对债市大趋势的判断，一条主线是最粗的线条，四个季节也只是债市的大方向，两者都无法精细地预测出市场中级别的大调整。这就需要我们在顺应大趋势的同时，更加注重应对各大信号的边际变化，尤其是对政策面和资金面的应对。

回顾过去几次牛市中的大调整（见图 4-4），从中可以总结出一些共性的规律。

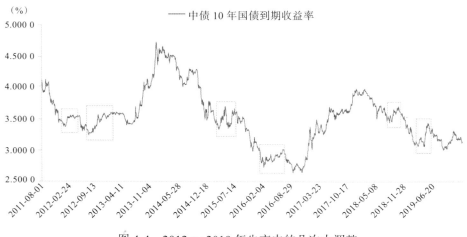

图 4-4 2012 ～ 2019 年牛市中的几次大调整

2012 年 1 ～ 4 月，10 年国债收益率回撤 58bp，促因是通胀上升和资金收紧。

（1）通胀数据上升。2012 年 1 月 CPI 为 4.5%，远超市场预期，修正基本面下行预期，产生预期差。

（2）资金面收紧。2011 年 12 月跨季时点的最高利率（R007 最高为 6.33%），要比 2011 年 9 月跨季时点的最高利率更高（R007 最高为 5.08%），这已经预示了一定的风险。2012 年春节（1 月 23 日）前，资金面非常紧张（R007 最高为 7.72%），紧张程度竟然超过 2011 年 12 月末的跨年时点。

2012 年 7 ～ 12 月，10 年国债收益率回撤 56bp，促因是房地产复苏、降准预期落空和汇率贬值。

（1）房地产市场在 2012 年 2 月见底后复苏（北京和上海）。

（2）降准预期落空。2012 年 7 月 26 日，有人预计货币政策将温和放松，下半年存款准备金率还会下调几次。但实际上 2012 年 5 月 12 日的降准是最后一次降准，2012 年 7 月 5 日的降息是最后一次降息。

（3）2012 年 5 ～ 7 月人民币贬值压力巨大。

2015 年 2 ～ 6 月，10 年国债收益率回撤 61bp，促因是股市牛市、地方债供给增加、房地产复苏和汇率贬值。

（1）股市牛市，分流债市资金。

（2）上万亿元地方债置换，债市供给增大。

（3）2014 年 12 月房地产市场见底（北京），2015 年 1 月开始明显上涨。

（4）2014 年 11 月 ～ 2015 年 2 月，人民币贬值，尤其是 2014 年 11 ～ 12 月，贬值速度较快。而银行间资金面在 2014 年 10 ～ 12 月及 2015 年 1 ～ 2 月收紧，利率不断走高。

2016 年 1 ～ 4 月，10 年国债收益率回撤 42bp，促因是资金面边际收紧、房地产复苏和汇率贬值。

（1）央行货币政策进入观察期，资金面在跨月、跨季、跨缴税时点明显边际收紧；降准等宽松政策预期落空。

（2）2016 年全年房地产市场持续火爆。

（3）2015 年 10 月～ 2016 年 1 月，人民币快速贬值，央行开始收紧资金面，稳定汇率。2016 年 1 月 22 日，央行行长前助理张晓慧表示，现阶段管理流动性要高度关注人民币汇率的稳定，降准的政策信号过强。

2018 年 8 ～ 9 月，10 年国债收益率回撤 24bp，促因是地方债供给增加、汇率贬值、传言央行正回购和通胀预期增强。

（1）地方债集中发行，利率债供给增加。

（2）2018 年 4 ～ 10 月，人民币贬值压力巨大，尤其是 6 ～ 8 月。人民币快速贬值之后，央行于 8 月开始稳定汇率。

（3）2018 年 8 月，央行窗口指导出钱，传言央行正回购。

（4）黑色系大涨，通胀预期增强。

2019 年 1 ～ 4 月，10 年国债收益率回撤 41bp，促因是资金面边际收紧与降准预期落空、地方债供给增加、PPI 企稳、房地产复苏、股市小牛和通胀预期增强。

（1）央行货币政策进入观察期，资金面在跨月、跨季、跨缴税时点明显边际收紧；降准预期落空。

（2）地方债提前发行，利率债供给增加。

（3）PPI、PMI 等宏观数据企稳。

（4）2019 年 1 月房地产市场见底回暖（上海、苏州等一二线城市）。2019 年 3 月，在房贷利率进一步下调后，一线城市购房需求开始井喷，房地产"小阳春"出现。

（5）2019 年 2 ~ 4 月股市小牛市。

（6）非洲猪瘟、水果价格大涨，使通胀预期增强。

影响市场的因素众多，但价格的形成终归是供需平衡的结果。从以上的因素可以看出，影响债券价格调整的主要因素，就来自供、需两个方面。

需，就是资金面。而资金的源头是最上游的央行，所以，我们研究需，就是研究央行货币政策的方向。只要央行态度有边际变化，市场就一定会产生巨大的波动。对央行态度的变化有四个观察点：一是央行表态的变化；二是央行操作的变化，如窗口指导、正回购、提高各种利率；三是对跨月、跨季、跨缴税等关键时点资金面变化的洞察；四是汇率的变化，在人民币贬值压力较大时，央行为了稳定汇率，往往会收紧货币，反之亦然。

供，就是利率债。一般情况下，国债、政策性金融债发行都按年初就制订好的计划，主要是地方债的变数比较大。当然，也可能为了应对经济变化，政策上会推出特别国债、棚改专项债、专项地方债等特殊品种的债券，可能还会有别的品种。但只要是在某段时间突然新增或者集中发行，就会打破原有的供需关系，市场阶段性波动就在所难免。

以上讨论的都是如何控制牛市及震荡市中的回撤。那么，在熊市中，我们只要把债基做成货基，安心赚资金的钱就够了，不要试图抢反弹，一不小心就会被套。就像农民种地一样，种地的目的是收获庄稼，需要在春暖花开时播种，在夏天施肥浇水，防范冰雹等恶劣天气。而到了秋天，也不是立刻就要收割，因为庄稼还没有真正成熟，但这个时候的天气更加多变，气温变化也更大，在防范冰雹、霜降天气之外，还要防范昼夜温差加大等其他风险，直至庄稼成熟，全部收割，才能安心过冬。到了冬天（熊市），一定要管住手，安心休息，静待春天信号的到来。

除了运用分析框架体系理解季节的变化，还要用投资策略体系来应对市场。或许我们能够用各种信号去预测季节的变化，但却很难预测到季节中的不良天气，我们也不知道明天天上会飘着什么云。所以，与其每天诚惶诚恐地预测市场，还不如以不变应万变，制定好缜密的应对策略，遇到什么"天气"就用什么办法来应对。

有异常，快处理，勿迟钝

常言道：事出反常必有妖。资本市场也是如此，我们一定要注意市场中的异常情况，异常后一定隐藏着不为人知的风险或机会。在实操中，我们要做到：有异常，快处理，勿迟钝。尤其是要监控政策和资金上的异常。

在做交易时，我们常常会怨恨自己反应慢，明明意识到了风险，明明看到了异常，但为什么不能及时做出反应呢？"反应慢"说到底还是"希望交易"在作祟。除了"反应慢"这个问题外，我们总犯的错误就是"回头看"和"往前看"：回头看，后悔没有在收益率最低点卖出；往前看，总是希望收益率再往下走一些。这往往会导致我们裹足不前、犹豫不决、反应迟缓。

　　如何避免这种情况？一是要建立起自己的投资体系，划定自己的能力圈，赚自己能力范围内的钱；二是要把投资的目光放长远些，不要局限于过短、过小的时间和空间。我们做交易时，往往看得太短了，没有从市场中跳出来，仅仅纠结于几天的行情，想博弈那一点行情，让自己沉迷于几天的行情中，而不是从一个"季节"的中观角度去思考。看得太短，就容易让自己迷失在海量的信息和市场情绪之中。

　　2018 年 8 月，央行窗口指导出钱，且传央行正回购，10 年国开债收益率在 8 月、9 月大幅调整 25bp。2018 年 8 月 8 日，我写的交易计划是"谨慎，准备撤退"。2018 年 8 月 9 日，交易计划是"传言已让自己后背有些凉意"（意识到了风险）、"当收益率再次回到前期的底部区间，即 180011 回到 3.42%、180210 回到 4.01% 附近时，就可以考虑撤退了"（做希望交易）。当时，我意识到了风险，但因为没有在最好的位置及时撤退，在"希望交易"和"回头看"的思想束缚下，并没有及时做出反应，最终阶段性被套。在这个调整过程中，我都是在死扛，而没有主动规避，得到的教训有：

　　（1）意识到了风险，但没有及时规避，而是在"回头看""做希望交易"。

　　（2）本来应该规避风险，却找各种理由不去行动。

　　债券市场在 2018 年 8 月和 2019 年 4 月的调整为什么如此之大？主要原因是央行的货币政策发生了边际上的变化，这对债市影响很大。所以，在债市最需要关注的就是央行的态度，诸如央

行的窗口指导、正回购、央票、各种"粉"（SLF、MLF等）[⊖]及操
作工具的利率。哪怕一点点风吹草动，都可能引起大的波动，一
定要提高警惕。只要央行态度有边际变化，就需要在第一时间做
出条件反射，尤其是当市场已经开始调整，从右侧印证了这种边
际变化时，不能回头看，不能做希望交易，要赶紧做出反应和
行动。

即使一条主线（资金）没有问题，但是只要央行态度有边际
上的变化，就要考虑先规避。对央行的态度，要做到细嗅蔷薇。

所以，平时盯盘的目的并不是看市场的涨或跌，或者盯新
闻，而是监控自己交易体系中信号的边际变化，也就是系统中的
异常情况。我们要从中发现市场的风险或机会，并制订交易计划
去规避这些风险，或者抓住这些机会。

市场没有什么"不可能"

2020年上半年，因新冠肺炎疫情影响，债券市场走出了一波
快牛行情，最后的疯狂发生在3～4月，当时10年国债收益率其
实已经开始横盘，并不是一个加仓的好时点，但是很多人依然非
常乐观地认为收益率还会继续下行。支撑多头观点的一个重要原
因就是收益率曲线非常陡峭。当年4月中旬，虽然长端的10年国
债收益率已经被疯狂的情绪压低到了2.50%附近的历史低位，但
是，短端收益率被宽松的资金面压得更低。套利信号中的3个月
国债收益率在4月仅为0.9%左右，10Y-3M国债利差高达160bp。

⊖　SLF被叫作"酸辣粉"，MLF被叫作"麻辣粉"。

这么大的套利空间，怎么能不让多头动心而继续做多？另外，当时疫情对经济基本面的影响太大，PPI 尚未出现企稳的迹象，按照之前的规律，央行收紧货币政策的概率不大。那么，只要央行不收紧货币，短端收益率就不会趋势性上涨，而在巨大的套利空间之下，就只有长端收益率往下走了。

这就是当时的市场逻辑，现在回头看，其实太过主观了。当时即使 PPI 不企稳，资金面也有可能阶段性收紧，货币政策也有可能摇摆。一切皆有可能，所以我们要更加中性地去观察信号，而不是主观臆断。没有什么不可能，任何一个方向都有可能。能用数据说话的，就不靠感觉和经验。

四个季节中的八大信号，是要综合权衡的，不能只因为一个信号就断定市场处于哪个季节，不能顾此失彼，只盯一两个信号做决策。

"核心看利差"这个观点没有问题，这是债券投资长期的大方向。但是，对于中期的回撤只看这个核心是远远不够的，还需要我们用资金面、政策面的边际变化来看波动。而且，也需要用情绪信号来观测市场情绪是否过热。2020 年 4 月，情绪信号——10Y 国开债与 10Y 国债利差只有 31bp，小于 35bp 的预警线，这其实已经提示我们市场情绪过热。利差是远方的灯塔，但并不能保证在到达之前一帆风顺。

千万不要认为"不可能"，市场什么"可能"都会有。2020年 4 月末之前，很多人认为短端收益率不可能上去，因为央行刚在 4 月初降低了超额存款准备金率。所以，既然短端收益率不可能上去，那么长端收益率就一定会被巨大的利差拉下来。但结果却是短端收益率上行压缩了利差，大家认为最"不可能"的成为"可能"。

市场没有什么不可能，再完美的预测体系都是不完美的，因为预测本身就不完美，市场最大的魔力就在于它的不可预测性。尤其对于买方来说，重要的不是用分析框架体系去预测市场，而是用投资策略体系去应对市场。

资 本 的 游 戏

书号	书名	定价	作者
978-7-111-62403-5	货币变局：洞悉国际强势货币交替	69.00	（美）巴里.艾肯格林
978-7-111-39155-5	这次不一样：八百年金融危机史（珍藏版）	59.90	（美）卡门M.莱茵哈特 肯尼斯S.罗格夫
978-7-111-62630-5	布雷顿森林货币战：美元如何统治世界（典藏版）	69.00	（美）本·斯泰尔
978-7-111-51779-5	金融危机简史：2000年来的投机、狂热与崩溃	49.00	（英）鲍勃·斯瓦卢普
978-7-111-53472-3	货币政治：汇率政策的政治经济学	49.00	（美）杰弗里 A. 弗里登
978-7-111-52984-2	货币放水的尽头：还有什么能拯救停滞的经济	39.00	（英）简世勋
978-7-111-57923-6	欧元危机:共同货币阴影下的欧洲	59.00	（美）约瑟夫 E.斯蒂格利茨
978-7-111-47393-0	巴塞尔之塔:揭秘国际清算银行主导的世界	69.00	（美）亚当·拉伯
978-7-111-53101-2	货币围城	59.00	（美）约翰·莫尔丁 乔纳森·泰珀
978-7-111-49837-7	日美金融战的真相	45.00	（日）久保田勇夫

投 资 与 估 值 丛 书

书号	书名	定价
978-7-111-62862-0	估值:难点、解决方案及相关案例	149.00
978-7-111-57859-8	巴菲特的估值逻辑:20个投资案例深入复盘	59.00
978-7-111-51026-0	估值的艺术:110个解读案例	59.00
978-7-111-62724-1	并购估值:构建和衡量非上市公司价值(原书第3版)	89.00
978-7-111-55204-8	华尔街证券分析:股票分析与公司估值(原书第2版)	79.00
978-7-111-56838-4	无形资产估值:如何发现企业价值洼地	75.00
978-7-111-57253-4	财务报表分析与股票估值	69.00
978-7-111-59270-9	股权估值	99.00
978-7-111-47928-4	估值技术	99.00